Rosmarie Welter-Enderlin
Wie aus Familiengeschichten Zukunft entsteht

Rosmarie Welter-Enderlin

Wie aus Familiengeschichten Zukunft entsteht

Neue Wege systemischer Therapie und Beratung

Herder
Freiburg · Basel · Wien

Gedruckt auf umweltfreundlichem,
chlorfrei gebleichtem Papier

Alle Rechte vorbehalten – Printed in Germany
© Verlag Herder Freiburg im Breisgau 1999
Herstellung: Freiburger Graphische Betriebe 1999
Umschlaggestaltung: Joseph Pölzelbauer
Umschlagmotiv: © Fotomontage
ISBN 3-451-26785-3

*„Was tun mit einer Vergangenheit,
die sich nicht abschütteln läßt,
und wie läßt sie sich in Zukunft verwandeln?"*

(Barbara Frischmuth)

INHALT

Einführung 9

KAPITEL 1
Familiengeschichten verstehen –
Beziehungsprobleme lösen
Praxis systemischer Paar- und Familientherapie . . . 15

KAPITEL 2
Erzählen, Zuhören und Entwerfen neuer Möglichkeiten
Tag- und Nachtansichten in der systemischen
Therapie 37

KAPITEL 3
Geschichten zur Orientierung in aufgelösten
Strukturen
Nutzung von Familiengeschichten in Therapien . . 53

KAPITEL 4
Was heißt eigentlich „systemisch?"
Mögliche Wirklichkeiten entwerfen und real handeln . 72

KAPITEL 5
Geschichten von chronisch Kranken und ihren
Familien
Kontexte von Familien und Medizin 91

KAPITEL 6
Männergeschichten – Frauengeschichten
Schwieriger Wandel der Geschlechterrollen 112

KAPITEL 7
Mythos und Wirklichkeit von Multi-Problem-Familien
Geschichten von Wandel in Bauern- und Migrationsfamilien 132

KAPITEL 8
Widersprüchliche Geschichten von Alkoholabhängigkeit
Krankheit oder Auffassungssache? 154

KAPITEL 9
Was man nicht verstehen kann, muß man erzählen und erfragen
Mitverantwortung für die eigene Geschichte 173

■ EINFÜHRUNG

In meinem letzten Buch „Deine Liebe ist nicht meine Liebe", das 1996 in diesem Verlag erschienen ist, habe ich mein theoretisches und praktisches Modell systemischer Paartherapie als Begegnung ausgeführt. Das Verstehen individueller und gemeinsamer Geschichten – Geschichten, in denen die „Melodien" erklingen, zu denen Paare ihre lust- und leidvollen „Tänze" tanzen – habe ich dort als einen zentralen Aspekt meines bzw. unseres* therapeutischen Modells vorgestellt. Im vorliegenden Band nehme ich das Thema Geschichtenerzählen in der therapeutischen Begegnung als Grundlage systemischer Therapie wieder auf. Ich beziehe mich sowohl auf die vielfältigen Familienformen, die unsere Zeit prägen und von unserer Zeit geprägt werden, als auch auf den Umgang von Therapeutinnen und Therapeuten mit Vergangenheit, Gegenwart und Zukunft. Es geht dabei um die Lebensthemen in den Biographien von Klientinnen und Klienten, aber auch um unsere eigenen Geschichten als ihre Therapeutinnen.

Meine Lebensthemen und meine kürzliche Annäherung an verborgenes Wissen und an Geheimnisse in der Herkunftsfamilie werden in einzelnen Kapiteln erkennbar.

In Zusammenarbeit mit dem Herausgeber, Dr. Peter Raab, habe ich einzelne, bereits publizierte Artikel als „Skelette" für die folgenden 9 Kapitel gewählt und diese mit neuen Formen und Farben angereichert. Ich habe aber

---

* Arbeitsgemeinschaft, Ausbildungsinstitut für systemische Therapie und Beratung, Meilen (Zürich).

auch – in einem wunderschönen Sommer, der zum Nachdenken beim Wandern mit meinem Mann und zum gemeinsamen Geschichtenerzählen einlud – Erkenntnisse aufgeschrieben, die für mich neu sind.

Geschichtenerzählen ist vermutlich so alt wie das menschliche Sprechen. *Erzähl mir eine Geschichte* gehört zum Einschlafritual von Generationen von Kindern. Geschichten als Balsam gegen die Angst vor der Nacht, als Versicherung, daß ich nicht allein auf der Welt bin ... Aber nicht nur Eltern oder Großeltern erzählen Geschichten, auch die Kinder selbst erregen oder beruhigen sich gegenseitig – mit Lügengeschichten, mit Familiengeschichten, mit Geschichten von einer imaginären „Bande" zum Beispiel, wie sie dazumal meine eigenen Kinder vor dem Einschlafen in exotisch aufregende oder in alltäglich beruhigende Landschaften begleiteten. Im Erzählen verliehen sie den Erlebnissen des Tages ihren Glanz oder Graus, bis sie darüber einschliefen.

Geschichtenerzählen besänftige die Welt, schreibt der Dichter Peter Bichsel. Unabgeschlossene, nicht erzählte Geschichten können hingegen Generation um Generation wie schwere Steine am Hals hängen – diese Erfahrung habe ich im eigenen Leben gemacht, und sie ist Teil der Alltagspraxis von Therapie und Beratung. In der Pionierzeit der *systemischen Familientherapie*, welche in den fünfziger Jahren in den USA als Alternative zu der dort vorherrschenden *Psychoanalyse* entwickelt wurde – einer strengen, dogmatischen Variante davon, wie sie nur bei Jüngern möglich ist, die einem Meister nachfolgen –, hat man die Idee, die frühe Kindheit „verursache" die Konflikte der Erwachsenen, vehement bekämpft. Damit wurde aber das Thema Vergangenheit samt den entsprechenden Geschichten, welche in der damaligen Psychoanalyse als *Einsicht* bezeichnet wurden, aus dem familientherapeutischen Repertoire verbannt. Die ausschließliche Perspektive auf das „Hier und Jetzt" war auch für mich damals eine große Erleichterung gegenüber der Idee mühseliger, langjähriger Therapien, bei denen es um Einsicht in frühe Ursachen von Konflikten ging. Aber der exklusive Fokus auf das Hier und Jetzt hatte den Nachteil, daß wir uns in der „Realität" der Gegenwart verloren und nicht verstehen konnten, wie Menschen aus einer erzählbaren Biographie Sinn schöpfen und Zukunft entwerfen können.

Einer der familientherapeutischen Pioniere, mein Mentor Jay Haley, vertritt noch heute die Überzeugung, daß das Erzählen von Geschichten den therapeutischen Prozeß behindere. Im Family Therapy Networker (1996, Vol. 20, No. 6) argumentiert Haley unter dem Titel „Does the Past Cause the Present?" (Ist Vergangenheit die Ursache für die Gegenwart?), daß der Fokus auf Geschichte und Geschichten den Blick auf die soziale Situation von Menschen in der Gegenwart verstelle. Bei allem Respekt für Haley bin ich der Meinung, daß er in der Pionierphase der Familientherapie und im Kampf gegen „die" Psychoanalyse verharrt. Jedenfalls argumentiert er wie vor 30 Jahren, als ich bei ihm in Ausbildung war – es hat sich bei ihm nichts verändert. Einerseits haben inzwischen – vor allem in Europa – die verschiedenen Schulen der Psychoanalyse und der Tiefenpsychologie sich vermehrt dem gegenwärtigen sozialen Kontext ihrer Patientinnen und Patienten zugewandt, wie das zum Beispiel bei den jährlichen Lindauer Psychotherapiewochen deutlich wird, die den heutigen Entwicklungsstand von Psychoanalyse und Tiefenpsychologie reflektieren. Und anderseits haben die Bedeutungsstrukturen, die in unserem Gedächtnis und in unseren Geschichten angelegt sind und mit denen wir Sinn machen aus dem, was uns geschieht, sowohl in der systemischen Forschung als auch in der Therapie einen festen Platz gewonnen. Wenn Klienten und Klientinnen uns Geschichten erzählen („narrativieren" heißt das neudeutsche Wort dafür), legen sie damit Teile eines Puzzles vor, aus dem wir in Therapie gemeinsam ihre Lebensthemen und Bedeutungsstrukturen erschließen können. Darin sind Entwürfe für ihre einmaligen Lösungen angelegt. Weil es ihre eigenen und nicht die Lösungen von Experten sind, lassen sich daraus autonome, zu ihnen passende neue Wirklichkeiten gestalten.

Wir sind aber nicht nur in eine persönliche Familiengeschichte und die damit verknüpfte Biographie eingebunden, sondern auch in die allgemeine Historie. Während ich schreibe, kommen laufend Nachrichten herein, welche von Anschuldigungen amerikanischer Politiker und Anwaltsbüros gegen die schweizerische Politik im Umgang mit Flüchtlingen, vor allem jüdischer Abstammung, während des Zweiten Weltkrieges handeln. Wie bei privaten Erzählungen, die den Blick in den Abgrund öffnen, gibt es dazu seit Jahren vielfältige Dementis und Unschuldsbeteuerungen der Beschuldigten – aber auch Bemühungen, die nationale Geschichte auf ihre dunkeln Stellen zu prüfen. Und – wie in Lebensgeschichten, die uns in der Therapie erzählt werden – gibt es im Zusammenhang mit dem Holocaust bewußte oder unbewußte Geschichtsklitterung, in welcher Individuen sich als Opfer oder als Helden der Weltgeschichte konstruieren.

Wie gehen eigentlich Therapeutinnen und Therapeuten mit Fiktion und Wahrheit in den ihnen erzählten Geschichten um? Es gibt viele Perspektiven von Wahrheit, und sie verändern sich sowohl im Lebenslauf von Einzelnen und Familien als auch in der geschichtlichen Selbstdarstellung von Nationen. Geschichte und Geschichten werden immer in einem Hier und Jetzt erzählt, das im Wandel ist. Aber, und dieser Gedanke zieht sich als roter Faden durch das vorliegende Buch, das Erzählen von Geschichten kann – außer in der Literatur – nicht beliebig sein. Es bezieht sich immer auf reale Menschen, die Teil dieser Geschichte sind oder waren, und auf die kollektive Ebene der Konstruktion von Wirklichkeit. Das heißt, daß wir verantwortlich sind dafür, in welcher Weise wir Geschichten erzählen oder hören – auf eine einzige Perspektive verkürzt oder viele Perspektiven einbeziehend, eindimensional oder mehrdimensional. Der systemische Brennpunkt „Individuum plus Umwelt", also die Idee der Untrennbarkeit von Mensch und räumlich-sozialer Umwelt, wie sie unter anderen von Gregory Bateson vorgeschlagen wurde, heißt für mich, daß neben unseren individuellen Konstruktionen über die Vergangenheit immer auch jene unserer Angehörigen sowie der Zeugen der allgemeinen Geschichte Platz finden müssen.

Wenn wir als Therapeutinnen und Therapeuten Geschichten hören, liegt unsere Verantwortung darin, dreidimensional zu denken: in der Dimension des Erzählenden, der eigenen Wahrnehmung und ganz besonders in der Dimension der Abwesenden. Eine entsprechende Frage heißt zum Beispiel: Was könnte die andere Seite der erzählten Geschichte sein, und wie würde Ihre Mutter, Ihr Vater, Ihre Schwester oder einer, der diese bestimmte Epoche Ihres Lebens sozialhistorisch erforscht hat, sie erzählen?

Aus einer „wirklich schwierigen" Geschichte eines Menschen, aber auch aus der „wunderbar runden" Biographie eines anderen, lassen sich an sich kaum neue Perspektiven und Handlungsfreiräume ableiten – der Blick in den Spiegel zeigt meistens nur das, was wir kennen. Wenn aber Geschichten in Anwesenheit jener erzählt und erfragt werden, die in irgend einer Form daran teilhaben, ist das zwar anspruchsvoller, als wenn wir unser Spiegelbild betrachten und Fremden davon erzählen. Weil aber nicht nur unser persönliches, sondern auch das kollektive und das Familiengedächtnis lebendig und im Fluß sind, können aus dem Geschichtenerzählen mit den Beteiligten zusammen heilsame neue Lebensentwürfe sprießen. Davon handeln in besonderer Weise das erste und das letzte Kapitel dieses Buches.

Mein herzlicher Dank geht an Rosmarie Ackermann und Reto Thaler für ihre kompetente und verläßliche Unterstützung meiner Arbeit am Manuskript sowie an Bruno Hildenbrand für seine – wie immer horizonterweiternden – Anmerkungen zu einzelnen Kapiteln.

Meilen, Sommer 1998

KAPITEL 1

Familiengeschichten verstehen – Beziehungsprobleme lösen

Praxis systemischer Paar- und Familientherapie

Sie werden in diesem einleitenden Kapitel zwei rote Fäden finden, die sich immer wieder ineinander verweben. Einerseits den Faden der Geschichte eines Paares, das nach 40 Jahren Ehe zum ersten Mal eine Therapie beansprucht, und anderseits den Faden allgemeiner Überlegungen zum Umgang mit Geschichten und Lebensthemen in der systemischen Familientherapie. Einem einseitig an logisch-reflexiver Sprache orientierten Therapiekonzept, wie es zur Zeit in den lösungsorientierten Kurztherapien hoch im Kurs steht, werde ich ein Modell gegenüberstellen, welches das Erzählen von Familiengeschichten mit kognitiven *und* emotionalen Prozessen des Wandels verbindet. Erzählte Geschichten können nicht nur die gewachsenen Sinnzusammenhänge verstehbar machen, sondern Menschen mit neuen Freiräumen des Fühlens und des Handelns versehen. Beginnen wir mit der Fallgeschichte von *Helga und Kurt Hahn*, deren Namen ich hier selbstverständlich verändert habe.

Spätsommer 1994, ein drückender Föhntag, kurz vor dem angekündigten Sturm. Das ältere Paar Hahn, das ich heute zum ersten Mal sehen werde, hat sich auf dem Weg aus Deutschland verspätet. Meine Sekretärin geht nachschauen und kommt irritiert zurück. Die beiden säßen im Warteraum, berichtet sie, aber da Frau Hahn seit zwei Stunden ihr Gedächtnis verloren habe und nicht wisse, wo sie sei, überlege ihr Mann, ob er sie vielleicht besser in die Notfallstation der nahen Klinik fahren sollte. Meine telefonische Rückfrage beim Kollegen im Haus, einem Allgemeinpraktiker, ergibt: doch, er wäre dort, falls meine Klientin ihn brauche. Ich bitte das Paar also herein, und Helga Hahn schaut mich hinter verdunkelten Brillengläsern mißtrauisch an. „Wer sind Sie, und was soll ich hier?" fragt sie, während Kurt Hahn bemüht ist, mir die Ereignisse zu erzählen, die sich während der dreistündigen Fahrt von ihrem Wohnort im Schwarzwald zu mir zugetragen hätten. Als Helga mitten auf der Reise von den Problemen zu reden begann, derentwegen sie seit Monaten nicht mehr schlafe, berichtet Herr Hahn, habe er sich notgedrungen auf die Autobahn konzentriert und nicht auf sie reagiert. Darauf sei sie plötzlich verstummt. Und dann habe sie mit dieser seltsamen Fragerei begonnen: „Wohin fahren wir, wie heißt diese Frau, was soll ich dort?" Dabei sei er doch nur mit zu mir gefahren, weil *sie* dieses Gespräch wollte. Er selber halte nicht viel von Psychologie und wäre nie auf die Idee einer Paartherapie gekommen. Und nun sitze er da und brauche dringend meinen Rat. Vielleicht wäre die Notfallstation doch das richtige? Etwas sei doch wirklich nicht normal bei seiner Frau! An dieser Stelle scheint Frau Hahn aus ihrer Amnesie zu erwachen. Nein, nein, ruft sie, nur das nicht, nicht in die Klinik ... Darauf zeige ich ihr die beiden Briefe, die sie mir im Frühjahr aus England geschrieben hat. Darin bat sie um eine Paartherapie nach der Rückreise nach Deutschland, für sich allein, da ihr Mann bestimmt nicht mitkommen werde. Nach seiner Pensionierung von einer internationalen Handelsfirma wollten sie im Sommer aus England in ihr Haus im Schwarzwald zurückkehren, in dem sie seinerzeit mit ihren drei kleinen Kindern gelebt hätten. Vor 17 Jahren, die Kinder waren bereits aus dem Haus, sei Kurt nach England versetzt worden, und Helga sei sehr ungern mitgegangen.

Während Frau Hahn ihre damaligen Briefe liest, erinnert sie sich wieder, warum sie mir geschrieben hat. Doch könne sie mir im Augenblick leider nicht helfen, erklärt sie treuherzig, da müsse ich schon ihren Mann fragen... Er sei zwar auch jetzt gegen seinen Willen hier, aber vielleicht sei er bereit, mich zu informieren über ihre gemeinsamen Probleme. Nachdem Kurt seinen Schock über Helgas „Blackout", wie er es nennt, geschildert hat, frage ich ihn, was denn seiner Meinung nach der Grund sein könnte, daß Helga so sehr unter Streß geraten sei. „Der Grund", sagt Kurt sofort, „bin ich, nur ich allein. Ich habe Helga betrogen und belogen, obwohl ich keinen Grund dafür hatte. Seit sie von meinen Frauengeschichten weiß, ist bei uns die Hölle los. Sie denkt bloß an diese Sache und redet von nichts anderem. Ich habe sie hundertmal um Verzeihung gebeten und ihr erklärt, daß es sich bei diesen Beziehungen immer nur um kurze Reisebekanntschaften handelte, wie das bei Männern, die oft allein in der Welt unterwegs sind, schon mal vorkommt. Aber Helga bleibt stur auf meine Schuld bezogen und sagt, sie könne mir nie mehr vertrauen. Sie ist absolut unversöhnlich, und ich weiß mir nicht mehr zu helfen."

Therapeutisches Vorgehen
An dieser Stelle, als Kurt Hahn mir bereitwillig seine Geschichte als Täter anbietet, mache ich eine spontane, von langjähriger Erfahrung geleitete Entscheidung, die ich mir logisch – wie so oft – erst im nachhinein erklären kann. Weil jedoch die Auflösung der Widersprüchlichkeit zwischen Theorie und Begegnung, also zwischen der Stimme eines professionellen Konzepts und der Stimme der real anwesenden Klientinnen und Klienten, zentraler Bestandteil meines therapeutischen Vorgehens ist, komme ich mit dem Verlassen meines üblichen Schemas für Erstgespräche (Welter-Enderlin, 1996) gut zurecht. Ich habe nämlich bereits in den ersten Minuten des Gesprächs am eigenen Leib erfahren, wie die Problemtrance dieses Paares mit seinen unverrückbar festgelegten Rollen von Opfer und Täter mich in ihren Sog zieht. Darum mache ich jetzt ei-

nen Sprung über mein bewährtes Vorgehensschema bei Erstgesprächen hinaus, das jeweils den Problembeschreibungen einen zentralen Platz gewährt. „Wissen Sie was", wende ich mich an beide, „ich kenne Sie ja überhaupt nicht ... und möchte gern verstehen, auf welchem Hintergrund sich Ihr Leben bisher abspielte. Bitte erzählen Sie mir doch, soweit Sie heute mögen, woher jedes von Ihnen kommt, wie Sie sich gefunden, verliebt und geheiratet haben und welche wichtigen Ereignisse Ihnen zu den 40 gemeinsamen Jahren gerade einfallen. Vielleicht ergeben sich daraus Ideen für die Lösung Ihrer Probleme."

„Das Erzählen von Geschichten besänftigt die Welt", schreibt der Dichter Peter Bichsel, und genau das geschieht in der folgenden Dreiviertelstunde. Wunderbar finde ich diese immer wieder ähnliche Erfahrung: daß nämlich der Blick zurück eine gemeinsame Insel schafft im Strudel der momentanen Ereignisse. Eine Insel, die gerade in den intensivsten Streßmomenten einen entspannteren Rhythmus ermöglicht, weil sie eine sichere emotionale Basis für die Erweiterung bisheriger Sichtweisen und damit für Wandel bildet. Aus dem Geschichtenerzählen sprießen auf diese Weise neue Möglichkeiten (Schapp 1976). Natürlich gelingt es nicht immer so leicht wie bei Hahns, schon im ersten Gespräch derart aufschlußreiche lebensgeschichtliche Informationen zu bekommen. Ich weiß aber, daß es sich lohnt, wenn ich in der ersten, aber auch in den folgenden Stunden nach den Lebensgeschichten der Klienten und ihrem bisherigen Umgang mit kritischen Ereignissen frage, weil die darin enthaltenen Ressourcen gute Alternativen zur Problemtrance ermöglichen.

Wie aus dem zum Schluß der ersten Stunde vorliegenden Genogramm ersichtlich, sind beide 1929 geboren, Kurt in Ostpreußen und Helga in Schlesien. Kurts Vater, Bauingenieur, wurde 1944 aus dem Lazarett im Osten zu Bauarbeiten in eine militärische Anlage in Westdeutschland geschickt, wo seine Familie ihn im Frühjahr 1945 nach der

Flucht wieder traf. Kurt wurde damals mit knapp 17 noch als Flakhelfer eingezogen und fand seine Familie erst ein Jahr später wieder. Er konnte dann Abitur machen und als Werkstudent Wirtschaft studieren. Sein Vater brachte die Familie nach dem Krieg als Bauzeichner knapp durch. Kurts Mutter konnte den Verlust von Heimat und Ansehen jedoch nie verkraften. Sie wurde depressiv und stürzte sich 1956 am neuen Wohnort von einer Brücke zu Tode.

Helga und Kurt Hahn

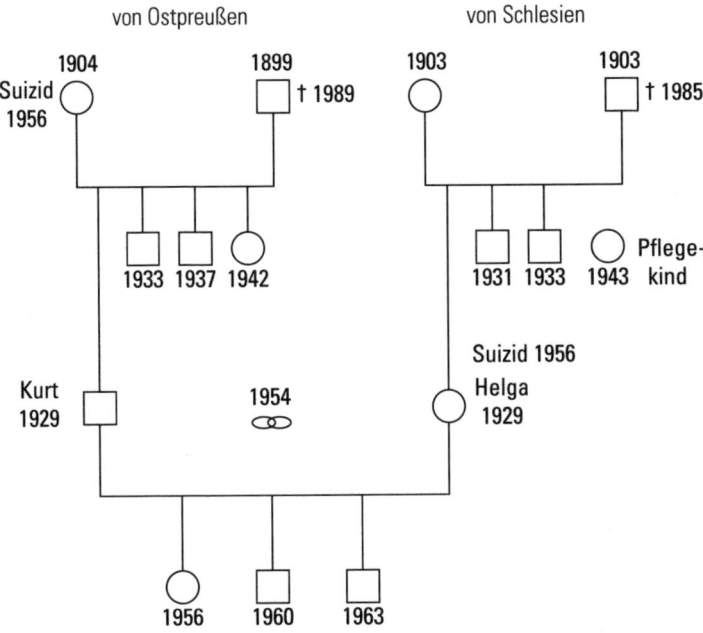

Helgas Vater, ein überzeugter Parteiangehöriger, war als Geschäftsmann während des Krieges Bürgermeister in einer schlesischen Stadt. 1945 wurde er von den einmarschierenden Russen gefangen und in ein Lager gesteckt, während Helgas Familie auf einem siebenmonatigen

Treck nach Westen floh. Helga, die sich selber als kränkliches Kind beschreibt, wuchs auf diesem Treck über sich selber hinaus, erzählt sie mir im ersten Gespräch. Sie unterstützte ihre erschöpfte Mutter und ihre jüngeren Brüder, und als die junge Mutter eines zweijährigen Mädchens unter fürchterlichen Umständen starb, beharrte Helga darauf, das Kind mitzunehmen. Diese Pflegeschwester ist bis zum heutigen Tag ihre enge Vertraute geblieben. Als Helgas Vater drei Jahre später aus dem Lager zurückkehrte, gelang es ihm, im Westen rasch wieder ein eigenes Geschäft aufzubauen. Allerdings war nun die bereits vorher schwer gestörte Ehe von Helgas Eltern am Ende. Ihr Vater habe schon vor dem Krieg mit jungen Angestellten Affären gehabt, erzählt Frau Hahn, und als er sich auch in der neuen Situation weiterhin als Don Juan gebärdete, habe ihre Mutter sich mit Helgas Unterstützung von ihm getrennt. Helga machte in der neuen Heimat eine kaufmännische Ausbildung und besuchte eine Textilfachschule, an der Kurt als Assistent unterrichtete. Auf meine Frage, was die beiden damals aneinander angezogen habe, antwortet Frau Hahn: „Das Gefühl, Kurt sei ganz anders als mein Vater, ein ehrlicher, gradliniger Mann, der mir die Sicherheit vermitteln würde, die ich in meiner Kindheit vermißt habe." Am Tag ihrer Hochzeit habe sie ihn übrigens gebeten, falls er sich je in eine andere Frau verliebe – eine Möglichkeit in jeder lebendigen Paarbeziehung – mit ihr darüber zu reden, wie sie es umgekehrt auch zu tun versprach. Denn solche bösartigen Geheimnisse könnte sie nie mehr ertragen! Richtig versprochen habe Kurt die von ihr gewünschte Offenheit zwar nie, berichtigt er. Die Beziehungen zu anderen Frauen habe er begonnen, nachdem Helga sich nur noch um ihre drei Kinder, ihre Pflegeschwester und Kurts jüngere Schwester kümmerte (die beim Suizid der Mutter erst 14 war) und er sich auf seinen vielen Reisen furchtbar einsam fühlte. Auf die Frage, was ihn seinerzeit an Helga angezogen habe, lächelt Herr Hahn verlegen und berichtet, daß er damals in Helga ein süßes kleines Mädchen sah, das trotz des schweren Vertriebenen-Schicksals, das er ja mit ihr teilte, sich Lebensfreude und Humor bewahrt hatte. Auch er sehnte sich nach den schrecklichen Kriegserfahrungen genau wie sie nach Harmonie und Geborgenheit, und er war bereit, ihr und den Kindern mit seinem Fleiß den materiellen Rahmen dafür anzubieten.

Zum Umgang mit Genogrammen

Meine therapeutische Arbeit basiert wesentlich auf dem Erschließen der Bedeutungsstrukturen, welche Individuen und deren größeres Umfeld leiten. Metaphorisch rede ich gerne von *Melodien*, die den gemeinsamen *Tanz* von Paaren oder Familien anleiten. Es sind übrigens Melodien, die von den Tanzenden oft kaum mehr gehört werden, weil sie von Orchestern hinter den Kulissen intoniert werden, welche hergebrachte, familiale und gesellschaftliche Themen in immer neuen Variationen spielen. Durch das Erzählen von Lebensgeschichten im verfremdenden Rahmen einer Therapie werden diese Stimmen hinter der Kulisse endlich hörbar, nicht nur für mich als Therapeutin, sondern auch für die Erzählenden selber. Virginia Woolf (1997, Neuausgabe) nennt solche Erfahrungen „die außergewöhnlichen Momente, in denen man merkt, daß hinter der Watte ein Plan versteckt ist ..." Sie fügt bei: „Es ist die Verzückung, in die ich gerate, wenn mir, während ich schreibe, bewußt wird, was zusammengehört ..." Andere Autor/innen reden von diesem „Plan hinter der Watte" in Begriffen wie Familienparadigmata (Reiss 1981), familiale Glaubenssysteme (Imber-Black, Papp 1996), familiale Bedeutungsstrukturen (Welter-Enderlin, Hildenbrand 1996) oder, falls sie postmodern orientiert sind (Zimmermann, Dickerson 1996), von den dominanten Diskursen. Den Begriff des dominanten Diskurses haben die narrativen Therapietheoretiker/ -innen von französischen Dekonstruktivisten wie Foucault und Derrida übernommen.

Was für einen Stellenwert hat das Geschichtenerzählen in Therapien?

Das Nachfragen nach den unterschiedlichen Geschichten der Anwesenden, verbunden mit der Beobachtung, wer welche Variante wie erzählt oder wessen Geschichte überhört wird, gibt nicht nur über Bedeutungsstrukturen Auskunft, sondern auch über die vorherrschenden Beziehungsverhältnisse. Aufmerksames, offenes Zuhören durch die Therapeutin erhellt die Sichtweisen über das „Selbst" jedes Familienmitgliedes sowie über ihre gemeinsame Welt. In den vielfältigen Arten, wie dieselbe Erfahrung mit Bedeutung versehen wird, werden Unterschiede und Widersprüche deutlich. Auf dem Hintergrund der entsprechenden Konstrukte bzw. Familienparadigmata können dann auch noch so verrückt wirkende Verhaltensmuster allmählich ihren Sinn bekommen. Symptome werden dabei als Vorboten anstehender Entwicklungen statt bloß als Quittung für falsch gelebtes Leben verstanden. Kein Wunder, daß Geschichtenerzählen besänftigt, weil dabei jeder Anwesende in seiner eigenen Stimme erzählt und – vielleicht zum ersten Mal – auch gehört wird. Ich bin der Meinung, daß in Therapien auch zirkulär die Perspektiven von *Abwesenden* zu den erzählten Ereignissen erfragt werden sollten. Angenommen, Ihr Chef wäre hier, was würde er über Sie als Arbeitskraft und als Familienfrau erzählen? Oder: Falls Ihre verstorbene Mutter jetzt auf jenem Stuhl säße, von welchen Eigenschaften ihres Sohnes würde sie mir wohl erzählen?

Erzählen und Gehört-Werden besänftigt die Welt: Wut, die trennt, kann sich beim Erzählen in Trauer verwandeln, die verbindet. Meine therapeutische Rolle empfinde ich dabei als die einer „privilegierten Zeugin", die sich mit der Nase am Boden in das Territorium einer einmaligen Lebensgeschichte begibt und dort erste Spuren findet, aber nie ganz sicher ist, ob diese auf das ganze Muster schließen lassen. Meine Erfahrung ist, daß jedesmal, wenn es mir gelingt, der Objektivitätsfalle der sogenannt wirklich wahren Fakten zu entrinnen, der „Plan hinter der Watte" Konturen annimmt und starre Einengungen – z. B. auf Täter-Opfer-Definitionen, mit denen die meisten Menschen in Therapie kommen – aufgeweicht werden. Das heißt nicht – und dies ist mir wichtig! –, daß wir so tun, als ob ihre Geschichten beliebig erfunden wären und nichts mit Erlebtem zu tun hätten. Unseren Geschichten entspricht selbstverständlich etwas in der Welt. Die entscheidende Frage ist darum einerseits, was die Dinge aus uns gemacht haben, und andererseits, was wir uns jetzt aus den Dingen machen, indem wir sie zum Beispiel so erzählen, daß neue Perspektiven und Handlungsmöglichkeiten aufgehen. „Zurückkehren an den Ort, von dem die Reise ausging, und diesen Ort zum ersten Mal sehen", nennt T. S. Eliot solche Erfahrungen.

Geschichten haben im therapeutischen Prozeß also zweierlei Wirkung:

1. Sie haben Einfluß auf das unmittelbare Erleben durch eine „aufweichende" Art affektiver Kommunikation. Gemeinsames Geschichtenerzählen, das anteilnehmend begleitet wird, ermöglicht den Ausstieg aus der Verführung durch die Problemtrancen, in denen Menschen, die in Therapie kommen, so oft gefangen sind. Voraussetzung dafür ist, daß ihr Erzählen so moderiert wird, daß individuelle Selbstbehauptung und Selbstdarstellung sowie die Beschreibung von unterschiedlichen und widersprüchlichen Perspektiven möglich wird. Ich beobachte, daß auf diese Weise Klientinnen beim Erzählen erleben, daß die Vergangenheit immer von der Gegenwart her interpretiert

wird. Einen Geschichtenerzähler töte man damit, daß man ihn auf die Wahrheit verpflichte, meint der zitierte Peter Bichsel. Und: „Die Wahrheit bleibt dem Ernst des Erzählers überlassen." Ähnliches hat Freud mit seinem Verständnis von Lebensgeschichten als „Fabeln", d. h. als immer wieder neu zu erzählende Wirklichkeiten gemeint.

2. Das Erzählen in Anwesenheit von privilegierten Zeugen hat die Funktion, über die Fakten hinaus die einmaligen Bedeutungsstrukturen und die Lebensthemen von Menschen deutlich zu machen. Das Verstehen dessen, was das Leben aus ihnen gemacht hat, kann dann mit zukünftigen Möglichkeiten verknüpft werden. Aus dem Indikativ der bisherigen Geschichten entwickelt sich so der Konjunktiv möglicher neuer Kapitel. Das Erzählen eröffnet vielfältige Sicht- und Handlungsweisen; darin liegt der Sinn des immer wieder neuen und veränderten Erzählens von Geschichten.

3. Das Erzählen hat zwei weitere Funktionen: Geschichten erzählen vom eigenen Leben und haben deshalb eine individuierende Funktion. Sie haben aber auch die gegenteilige Tendenz: sie resozialisieren Erfahrungen, die bisher überhaupt nicht vermittelbar waren, indem diese in eine Erzählgemeinschaft hineingebracht und darin veröffentlicht werden. Je grausamer oder absurder Geschichten und die damit verbundenen Ereignisse sind, desto eher müssen sie in einer Gemeinschaft erzählt werden, um überhaupt aushaltbar zu sein, meint dazu Hildenbrand (1990). Was man sich selber nicht erklären kann, weil es zu grauenhaft oder zu unfaßbar ist, muß man anderen erzählen. Das jüdische Sprichwort „Wer seine Vergangenheit verleugnet, ist verdammt dazu, sie zu wiederholen", paßt auch auf das Erzählen von grausamen Erfahrungen in Familien und anderen Gemeinschaften. Im Frühling 1997 strahlte das Schweizer Fernsehen einen Dokumentarfilm von Marianne Pletscher über die Rückkehr vertriebener Familien in ihre zerstörten Dörfer in Bosnien aus. Die Ver-

zweiflung der Jugendlichen, die noch als Kinder vor vier Jahren in den Westen geflohen waren und nun in ihre verwüsteten Zimmer in den kaputten Häusern in der inzwischen zu Feindesland gewordenen ehemaligen Heimat zurückkamen, war kaum auszuhalten. Der einzige Trost schien für diese Menschen wie auch für die Zuschauer am Fernsehen im gemeinschaftlichen Erzählen der Geschichten dieser vier Jahre zu liegen. Verwandte und Nachbarn sah man in einem der notdürftig geflickten Häuser dicht gedrängt an Tischen und am Boden sitzen. Sie aßen und tranken miteinander, und sie erzählten einander ihre Erfahrungen. Zum Beispiel, wie sie einige Male knapp dem Tod entronnen waren oder wie einsam sie in Wohnblöcken in der Schweiz überlebt hatten im Wissen, daß Söhne, Väter und Verwandte gefoltert worden waren und sie diese nur noch auf dem Friedhof besuchen würden. Das gemeinsame Erzählen in der Gemeinschaft gab zwar keine Antwort auf die Frage „warum", sagten sie, aber es schien die erlebten Schrecknisse immerhin so weit faßbar zu machen, daß wieder Brücken zur Zukunft gebaut werden konnten. Ähnliches erlebe ich, wenn Opfer von sexueller oder anderen Formen von Gewalt, die aus Scham oder Loyalität bisher geschwiegen hatten, endlich in einer Gemeinschaft ihre Geschichten erzählen. Nicht nur in der Gemeinschaft von gleich Betroffenen übrigens, sondern wenn immer möglich auch in der Gemeinschaft ihrer Familien, der gegenwärtigen wie auch jener, aus der sie stammen.

Natürlich betrifft die Erfahrung, daß Erzählen in der Gemeinschaft Sinn stiftet, nicht bloß therapeutische Kontexte, sondern auch den Alltag von Familien oder von Freundesgruppen. Natalia Ginzburg hat im Buch „Mein Familienlexikon" (1983) beschrieben, wie ein Schlüsselwort, das beim Geschichtenerzählen der fünf erwachsenen Geschwister ausgesprochen wird, augenblicklich jene alte Vertrautheit herstellt, die in der Wirklichkeit längst nicht mehr existiert. In meiner eigenen Geschwistergruppe, drei Schwestern und zwei Brüder, hat das Geschichtenerzählen genau diese Wirkung: einerseits erzeugt es diese wunderbare Verbindung durch den Ritus der immer gleichen Wörter und Bilder, bis uns die Tränen des Lachens oder der Wehmut kommen. Aber ebenso vorhersehbar brechen plötzlich unsere völlig unterschiedlichen Perspektiven derselben Geschichte auf. Eine Schwester erzählt z. B. ausführlich von Ereignissen, die nicht eben zu den Glanzlichtern der Familiengeschichte gehören, und schon reagiert jemand wie nach einem heimlichen Drehbuch empört: „Was du da wieder zusammenphantasierst, stimmt doch alles überhaupt nicht." Unser Gras ist zwar seinerzeit auf derselben Familienwiese gewachsen, denke ich bei solchen Episoden, aber das daraus gemachte Heu lagern wir in ganz unterschiedlichen Scheunen. Wir haben fünf völlig verschiedene Familiengeschichten erlebt, scheint es. Und dennoch erzeugt die Erfahrung einer ehemals „gemeinsamen Wiese" über das Erzählen davon immer wieder Gefühle von Zugehörigkeit und Geborgenheit.

Interessant ist bezüglich des Themas Familiengeschichten die *Gender-Frage*, also ob eher Frauen oder Männer, Jungen oder Mädchen Geschichten erzählen und welche Inhalte dabei von welchem Geschlecht beansprucht und von wem honoriert oder ignoriert werden. Eine alltägliche Erfahrung, die sich auch in Paartherapien zeigt, ist die folgende: Eine Frau beginnt in entspanntem Rahmen damit, daß sie ein Ereignis aus der gemeinsamen Vergangenheit erzählt, das damals eine schwere Paarkrise auslöste. Eigentlich will sie damit sagen: „Wie schön, daß wir diese Klippe heil umfahren haben, aber der Schreck darüber sitzt mir noch in den Knochen. Wie empfindest du das?" Ihr erneutes Erzählen dieses Ereignisses bedeutet für sie offenbar ein weiteres Stück Bewältigung von Schmerz und Trauer. Und vielleicht auch eine Möglichkeit, die noch nicht sicher abgeschlossene Geschichte durch gemeinsames Erzählen und Zuhören abzuschließen. Ihr Partner empfindet das völlig anders. Ärgerlich unterbricht er sie: „So verdirb doch nicht immer den schönen Augenblick mit solch altem Blabla ... Ich will davon nichts mehr hören. Was vorbei ist, ist vorbei." Die Frau verstummt, und der schöne Augenblick ist im Eimer. Wenn vielleicht dann später im therapeutischen Gespräch das Thema „alte Geschichten" auf den Tisch kommt, wird deutlich, wie grundsätzlich verschieden diese Frau und dieser Mann mit dem Spannungsbogen Vergangenheit, Gegenwart und Zukunft umgehen. Während für die Frau das Erzählen alter Geschichten eine solide emotionale Basis für die Verknüpfung von Gegenwart und Zukunft bietet, empfindet der Mann die Rekonstruktion der Vergangenheit bloß als hinderlich, ganz besonders, wenn die alte Geschichte ihn nicht nur als strahlenden Helden beschreibt. Natürlich schwimmt er damit im Mainstream der erlernten männlich-calvinistischen Ideale, welche persönliche Spannkraft und Entwicklung mit Selbstdisziplin, Vorwärtsorientierung und Vergessen gleichsetzen. Nach der Ermordung seines Vaters, J. F. Kennedy, schaute z. B. die amerikanische Nation übers Fernsehen voller Ehrfurcht zu, wie der dreijährige John-John den Sarg seines Vaters salutierte, ohne eine Träne zu vergießen.

Zum Verlauf der Paartherapie von Helga und Kurt Hahn
Ich möchte an dieser Stelle den Faden der Paargeschichte von Helga und Kurt wieder aufgreifen. Jedes Leben fluktuiere zwischen dem, was die Dinge aus uns gemacht haben und dem, was wir uns aus den Dingen machen, habe ich festgestellt. Die „Dinge" beziehen sich nicht nur auf körperliche Disposition, auf Geschlecht, Milieu und ethnische Zugehörigkeit, sondern ganz besonders auf den historischen Kontext und den Zeitgeist, der eine bestimmte Generation prägt. Das heißt, was Menschen sich aus den Gegebenheiten machen und wie sie ihre Geschichten er-

zählen, ist auch abhängig von ganz spezifischen Ereignissen und Erfahrungen in den großen Systemen, die sie prägen. Es genügt darum nicht, allein den Hintergrund der jeweiligen Herkunftsfamilie von Frau und Mann zu beschreiben. Es genügt auch nicht, zum Beispiel in der Familiendiagnostik Frauen tendenziell als Abkömmlinge von sogenannt emotional verstrickten Familien und Männer von sogenannt emotional distanzierten Familien zu beschreiben (Stierlin, 1997). Die Erfahrung, daß Töchter und Söhne in derselben Familie völlig unterschiedliche Rollen lernen, die *eher geschlechtsbedingt als familienspezifisch sind*, setzt eine Perspektive voraus, welche Sozialisationsgeschichten über den engen Kontext der Familie hinaus begreift.

Während ich den Geschichten von Helga und Kurt zuhöre, bewege ich mich in zwei Welten, einerseits in ihrer persönlichen und anderseits in der allgemeinen jener Epoche, in die ihre Jugend, ihre Heirat und spätere Entwicklung fielen: das Dritte Reich und die anschließenden Jahre des Aufbauens und Vergessens. Weil für mich von großer Bedeutung ist, das Persönliche mit dem Politischen und dem Zeitgeist einer Epoche zu verknüpfen, habe ich seit Jahren gelesen, was mir über das Dritte Reich und seine Folgen für Einzelne und Familien zugänglich war. Ganz besonders interessieren mich die Nachkriegsjahre, vor allem die 50er. Ich habe sie als Schülerin erlebt und dabei die geschichtlichen Mythen über die *Schweiz als Sonderfall* erzählt bekommen, diese Mythen, die inzwischen mit Scham und Schuld verknüpft worden sind. Weil ich häufig deutsche Familien in Therapie habe, die zur Generation von Helga und Kurt oder auch zu jener ihrer Kinder gehören, habe ich mich kundig gemacht über das Schicksal der 12 Millionen aus dem Osten Vertriebenen, der sog. Rucksack-Deutschen, die im Fremden ungewollt ein Zuhause suchen mußten (Lehmann 1993). Es gibt eindrückliche historische Berichte zu den Familienidealen der Zeit des kalten Krieges: „Je kälter die Außenwelt, desto angeheizter die Innenwelt", war ein Motto, das sich im damaligen Babyboom, in der Trennung zwischen Weiblichem (das Affektive) und Männlichem (das Instrumentelle), und im Thema „ja nicht zurückblicken, Augen zu und durch" niederschlug. Das war übrigens nicht nur in Deutschland so, sondern auch in Österreich, der Schweiz und den USA. Ohne das Wissen um diesen allgemeinen historischen Kontext wäre es mir kaum möglich gewesen, Helga und Kurt schon in der ersten Stunde solch direkte Fragen zu ihrer Lebensgeschichte zu stellen.

Was Menschen sich aus dem Vorgegebenen machen

Das Besondere einer Lebensgeschichte wird unter anderem an der Frage deutlich, was für Wahlmöglichkeiten Menschen an bestimmten Wendepunkten ihres Lebenslaufs hatten, ob sie diese wahrnehmen konnten und für welche sie sich damals entschieden haben. Das heißt, als Therapeutin versetze ich mich künstlich an einen Schnittpunkt der erzählten Geschichten, überlege mir die damaligen Optionen einer Familie oder eines ihrer Mitglieder und vergleiche diese mit dem, was die Menschen sich in Wirklichkeit aus ihren Möglichkeiten gemacht haben. Daran werden versteckte Familienthemen und Sinnstrukturen deutlich, die den Erzählenden oft kaum bewußt sind. An einer bestimmten Stelle im zweiten Gespräch mit Hahns fragte ich z. B., warum die beiden, als Kurt in den späten 50er Jahren von einer internationalen Firma mit Sitz in den USA angestellt wurde, nicht ausgewandert sind, wie ihnen das angeboten wurde. An der Antwort auf diese Frage wurde ein *zentrales Lebensthema* deutlich, das die beiden ältesten Kinder von zwei vertriebenen Familien miteinander teilen. Es heißt „Bindung und Loyalität zur

Familie sind wichtiger als Autonomie und persönliche Entwicklung". Nicht nur, weil der Zeitgeist der 50er Jahre dies erforderte, sondern auch aus biographisch bedingten Motiven blieb Helga nach der Heirat trotz ihrer vorzüglichen Ausbildung zu Hause, hielt Kurt den Rücken frei für seine berufliche Entwicklung und versorgte selbstverständlich auch seine Herkunftsfamilie, nachdem seine Mutter sich umgebracht hatte. Und als im selben Jahr 1956 ihr geliebter Bruder tödlich verunglückte, kurz bevor ihr erstes Kind zur Welt kam, schloß Helga selbstverständlich ihre Mutter und die jüngeren Geschwister in ihre Fürsorge ein. Sie empfand das als ein Opfer, das sie zu bringen hatte, auch wenn es ihr oft furchtbar schwer fiel, keine einzige Stunde für sich selber zu haben. Aber das Motto, das zu ihrer Biographie und zum Zeitgeist paßte, wonach Frauen allein zuständig seien für die familiale Innenwelt, ließ Helga keine andere Wahl.

Auch Kurt reagierte auf den Selbstmord seiner Mutter in der erlernten männlich-preußischen Weise: nur kein Aufhebens machen, nur nichts nach außen tragen, schweigen und weiterarbeiten. Die ersten Frauenbeziehungen seien ihm in dieser Zeit quasi ungewollt passiert, erzählt er, und er habe daraus ebenfalls kein Aufhebens gemacht. Das Lebensmotto, das Kurt für solche Situation von den Männern seiner Herkunft mitbekommen habe, heiße „Der Kavalier genießt und schweigt". Es ist einfühlbar, daß mit diesen beiden Lebensmottos die kritischen Ereignisse von 1956 von Kurt so bewältigt wurden, daß er über Schuld, Scham und Schmerz beharrlich schwieg und sich in die Arbeit zurückzog und daß Helga mit ihrer jüngeren Schwester, aber nicht mit Kurt über ihre stille Verzweiflung redete. Das führte dazu, daß allmählich nicht nur die äußeren, sondern auch die inneren Welten der beiden auseinanderdrifteten. Über viele Therapiegespräche hinweg quälte sich Helga mit der Frage: Warum war ich so grenzenlos dumm, warum habe ich die Augen verschlossen vor den Hinweisen auf Kurts zweites Leben? Warum habe ich meine unguten Gefühle in mich hineingewürgt und mich dabei emotional und sexuell immer mehr von ihm entfernt? Warum hat er mich nie gefragt, wie das komme? Natürlich könnte Helgas Nicht-Hinschauen auch als „neurotische Abwehr" des nicht bewältigten Konflikts mit ihrem untreuen Vater beschrieben werden. Individualpsychologisch gesehen macht das selbstverständlich Sinn. Bloß fehlt bei dieser Beschreibung der Rahmen der Paar- und Zeitgeschichte, der zur Entpathologisierung dieser Frau beiträgt, weil er den besonderen historischen Kontext ihres Lebenslaufs mitthematisiert.

Durch das Erzählen, das von meinen Fragen und meiner affektiven Rahmung – aber nicht von therapeutischen Deutungen – begleitet ist, kommen Helga und Kurt ganz selbstverständlich wieder auf das anfangs der Stunde präsentierte Problem zurück. Allerdings ist ihre Stimmung inzwischen so, daß es mir leichter fällt, erweiterte Perspektiven auf ihre Situation vorzuschlagen. Die Themen Schuld/Unschuld, Opfer/Täter, Macht/Ohnmacht und bedingungslose Loyalität zur Herkunft, die sich als „Plan hinter der Watte" aus beiden Geschichten herausschälen, veranlassen mich zu folgender *Schlußintervention*: „Es geht offenbar darum, daß Sie beide jetzt nicht nur Ihre eigene Stimme, sondern auch die des Partners so hören, wie das bisher nicht möglich war. Und wenn sie diese Stimmen hören, werden Sie schließlich Antworten auf die Frage finden: Bleiben wir zusammen, weil wir wollen oder weil wir müssen? Und wenn wir zusammenbleiben: Wie können wir unsere Beziehung neu entwerfen? Sie, Herr Hahn, können selbstverständlich bagatellisieren, was zwischen Ihnen geschehen ist, und Ihre Frau damit einladen, entweder ihr Gedächtnis zu verlieren oder Sie durch andere Symptome zu alarmieren. Sie können aber auch sagen: Ich allein habe Schuld, ich stehe dazu und nun endlich ‚Schwamm drüber'. Sie, Frau Hahn, können nun mit Recht die Position der moralischen Überlegenheit einnehmen und ihre Unschuld dazu nutzen, endlich oben zu sein, während ihr Mann als Schuldiger unten bleibt. Das würde Ihnen allerdings nicht viel Neues bringen. Das Verhältnis zwischen Ihnen wäre wieder eines von ‚oben und unten', einfach mit umgekehrten Rollen. Oder aber Sie entscheiden sich, daß Sie die noch verbleibenden Jahre als gleichberechtigte Partner, die mehr oder weniger auf derselben Ebene sind, verbringen wollen."

Nachdem beide vehement beteuern, daß ihr Ziel eine gemeinsame Zukunft als Gleichberechtigte sei, gebe ich ihnen meine Paar-Fragebogen als Grundlage für ein je individuelles „Inventar" mit. Ich fordere sie auf, bis zum nächsten Gespräch individuelle Entwürfe dafür zu machen, was jedes persönlich zu dieser partnerschaftlichen Balance beizutragen bereit sei, was jedes sich vom anderen wünsche und was auf keinen Fall. Beide stimmen zu, offensichtlich entspannt über den Verlauf dieses ersten Gesprächs mit mir. Das Erzählen ihrer Geschichten und das gegenseitige offene Zuhören hat ihre Welt besänftigt. Beide schicken mir vor dem folgenden Termin ihre Fragebogen und kommen mit individuellen Zukunftsszenarien in die nächste Stunde. Es sind Szenarien, die darauf während acht Sitzungen in winzigen Schritten auf Handeln übersetzt werden.

Machen Sie, liebe Leserin und lieber Leser, sich aber keine Illusionen! Natürlich verlief dieser Weg nicht gradlinig, sondern in Schleifen und als stetes Auf und Ab. Helga kam immer wieder auf die unerledigten Geschichten von Kurts Liebesverrat zurück und quälte nicht nur ihn, sondern auch sich selber mit der Frage, wieso er Geheimnisse vor ihr gehabt und sie nichts gemerkt hatte. Wie es bei chronifizierten Geheimnissen meistens der Fall ist, hatte sich dieses Prinzip übrigens auf viele Gebiete der Beziehung ausgeweitet. Kurt hat z. B. Geldangelegenheiten, selbst wenn sie Helgas eingebrachtes Frauengut betrafen, immer von ihr ferngehalten, und Helga hat alles, was die

Kinder und deren Situation betraf, von Kurt ferngehalten, selbst wenn es dabei um ihn als Vater ging. Daß zum Beispiel der Jüngste, Simon, noch immer der Meinung war, er müsse seine Mutter vor seinem Vater in Schutz nehmen, erfuhr Kurt erst, als Simon auf dessen Wunsch in eine gemeinsame Sitzung eingeladen wurde, um den Konflikt mit seinem Vater anzupacken. Simon zog bald nach dieser Aussprache aus dem Elternhaus aus, offenbar beruhigt, daß er seine alte Rolle als Beschützer seiner Mutter hatte abgeben können. Kurt fand es im übrigen schrecklich, daß Helga trotz seiner Anstrengungen im täglichen Zusammenleben immer wieder auf die alten Geschichten zurückkam und beklagte das auch in jeder Stunde. Mein Verständnis dafür, daß Helgas Fragen und Erzählen Zeit brauchte und eine Möglichkeit zur Bewältigung ihrer Scham und Angst bedeutete, half mir persönlich, einen langen Atem zu bewahren und sowohl Kurts Ungeduld als auch Helgas Beharren emotional gelassen zu rahmen.

In der neunten Sitzung, als wiederum der „alte graue Elefant auf dem Karussell" auftauchte, wie wir die unabgeschlossene Geschichte des Liebesverrats inzwischen nannten, ging wie ein Wunder ein Samen auf, den ich schon früh im Prozeß gesät hatte: die Idee eines Rituals zum Abschluß der alten Geschichten und zum Neuanfang. Kurt machte nämlich den Vorschlag, zum 41. Hochzeitstag neue Ringe anfertigen zu lassen und einander diese, bei einem Fest zusammen mit den erwachsenen Kindern und deren Partnern, anzustecken. Damit verbunden würden beide eine Art neuen Ehevertrages entwerfen, also all das einander erzählen und aufschreiben, was sie inzwischen gelernt hatten. Helga legte Kurt an dieser Stelle die Hand auf den Arm mit den Worten: „Ich finde das wunderbar. Aber gib mir noch Zeit, das Vertrauen zu mir selber und zu dir wieder aufzubauen." Nach etlichen weiteren Schleifen des Entwicklungsprozesses, nach weiterem Auf und Ab, feierten Hahns ihr Übergangsritual am Tag, als sie 41 und ein halbes Jahr verheiratet waren. Beide hatten inzwischen eigene Ringe für sich entworfen, die ihnen dann vom Partner geschenkt wurden. Auch dies ein Symbol für ihre neue individualisierte Beziehungsform, das weit über die gesprochene Sprache hinaus wirkte. Die früheren polarisierten Rollen von Opfer und Täter waren inzwischen aufgeweicht, Helga hatte ihre eigene Stimme gefunden, ohne aus dem „süßen Mädchen" zu einer moralisch überlegenen Verfolgerin zu werden. Kurt war tatsächlich zum „Kavalier" geworden, der öfter über sich erzählte und aufmerksam seiner Frau zuhörte, ihr aber auch seine eigenen Wünsche zumutete, statt diese mit schlechtem Gewissen heimlich zu leben.

Zusammenfassung

1. Wenn die sogenannten Problemtrancen durch das Erzählen von Geschichten aufgelöst werden, heißt das nicht, daß Leiden und Schuld bagatellisiert werden. Der graue Elefant auf dem Karussell, der auf die unabgeschlossenen, unerzählten Problemgeschichten verweist, kann nicht einfach durch positive Deutungen und flotte therapeutische Interventionen zum Verschwinden gebracht werden. Als Symbol, daß Vergangenheit, Gegenwart und Zukunft noch nicht miteinander verknüpft sind, hat der graue Elefant auf dem Karussell immer eine Bedeutung. Es genügt nämlich oft nicht, eine Geschichte ein einziges Mal zu erzählen. Sie braucht manchmal vielerlei Erscheinungsformen, bis sie verstanden und auf neues Handeln übersetzt werden kann.

2. Systemische Therapie hat, wie die Psychoanalyse, seit ihrer radikal konstruktivistischen Wende die Tendenz, einseitig zur Redekur zu werden, zumindest in der Theorie. *Systemische Therapie als Begegnung* berücksichtigt hingegen, daß Geschichten nicht nur in formal-logischer Sprache, sondern von Anfang an in Bildern und af-

fektiven Kommunikationsweisen aufgehoben sind, wie Ciompi (1997), Fivaz (1998) et al. und Stern (1996) nachweisen. Das heißt, weil Menschen mit der Fähigkeit geboren werden, lange vor der Sprachentwicklung affektiv zu kommunizieren, wird die affektive Rahmung des Prozesses durch Therapeut oder Therapeutin am ehesten eine sichere Basis dafür erzeugen, daß schmerzhafte, vielleicht sogar grausame Erfahrungen neu erzählt und abgeschlossen werden können.

3. Die beobachtete Eile, sofort Lösungen für alte Probleme zu finden, indem diese einfach in neue Fragen und Sprachhüllen gekleidet werden, paßt zwar gut zu unserer Zeit der Kurzatmigkeit. Der Blick zurück, der mit neuen Perspektiven auf Gegenwart und Zukunft verknüpft wird, ist tatsächlich unter dem Druck von Kurzzeittherapie-Modellen nicht möglich. Meine Erfahrung ist allerdings, daß die drei oder auch sechs zusätzlichen Stunden, die ich für den längeren Atem des Geschichten-Erzählens anbiete, nicht nur mir, sondern auch meinen Klienten eine *Teilnahme-Intelligenz* ermöglichen, die in der Hast verlorengeht. Lösungen, die sich im Laufe von vielleicht elf Sitzungen wie bei Hahns oder auch mal deren 20 ergeben, haben dafür die Tendenz, maßgeschneidert und „systemeigen" zu sein.

Literatur

Bichsel, P. (1987): Aus Geschichten lernen, in: Irgendwo anderswo, Luchterhand, Frankfurt; Eliot, T. S. (1959): Little Gidding, in: Four Quartets. Faber and Faber, London; Ciompi, L. (1997): Zu den affektiven Grundlagen des Denkens, Fraktale Affektlogik und affektive Kommunikation. System Familie (1997), 10: 128–134; Fivaz, E. et al. (1998): Wann und wie das familiale Dreieck entsteht: Vier Perspektiven affektiver Kommunikation, in: Gefühle und Systeme, Hg. R. Welter-Enderlin/B. Hildenbrand, Carl Auer, Heidelberg; Ginzburg, N. (1983): Mein Familienlexikon, Suhrkamp, Frankfurt a. M.; Hildenbrand, B. (1990): Geschichtenerzählen als Prozeß der Wirklichkeitskonstruktion in Familien, System Familie 4: 227–236; Imber-Black, E., Papp, P. A. (1996): Familienthemen: Übergänge und Wandel. System Familie 9: 12–21; Lehmann, A. (1993): Im Fremden ungewollt zuhaus – Flüchtlinge und Vertriebene in Westdeutschland 1945–1990, C. H. Beck, München; Reiss, D. (1981): The Family's Construction of Reality, Harvard Univ. Press, Cambridge/London; Schapp, W. (1976): In Geschichten verstrickt, B. Heymann, Wiesbaden D. (1995): The Motherhood Constellation. A Unified View of Parent-Infant Psychotherapy, Basic Books/Haper Collins, New York; Stierlin, H. (1997): Verrechnungsnotstände: Über Gerechtigkeit in sich wandelnden Beziehungen, Familiendynamik 2: 136–155; Welter-Enderlin, R. (1996): Deine Liebe ist nicht meine Liebe. Partnerprobleme und Lösungsmodelle aus systemischer Sicht, Herder, Freiburg; Welter-Enderlin, R., Hildenbrand, B. (1996): Systemische Therapie als Begegnung, Klett-Cotta, Stuttgart; Woolf, V. (1997): Wer war ich also?, in: Broggi Beckmann, G. (Hg.), Ich war das Kind, dem alle Wolken sangen, Schriftstellerinnen erzählen aus ihrer Kindheit. Marion von Schröder, Düsseldorf: 55–78; Zimmermann, J. L., Dickerson, V. (1996): If Problems Talked, The Guilford Press, New York/London.

KAPITEL 2
Erzählen, Zuhören und Entwerfen neuer Möglichkeiten
Tag- und Nachtansichten in der systemischen Therapie

Im Haus meiner Kindheit gab es einen dunkeln Keller und zwei Dachböden. Im Keller wurden Äpfel, Kartoffeln sowie der saure und der süße Most und das Eingemachte gelagert. Mäuse wohnten dort, es roch modrig nach Vergangenheit, und wenn ich hinuntersteigen mußte, sang ich laut vor Angst. Manchmal zersprangen in einer Ecke Flaschen oder Weckgläser im Prozeß der Gärung, Zeichen geheimnisvollen Lebens in der Unterwelt. Anders auf dem trockenen Dachboden, Ort meiner Entdeckungslust und des Rückzugs zum Lesen: Dort fand sich eine Vielfalt von Kästen und Kisten voller Bücher, Zeitschriften und Fotografien, fast alle aus dem letzten Jahrhundert, richtige Schatztruhen für meine Neugier. Die Klassiker der Aufklärung habe ich dort gelesen mit vor Anstrengung roten Ohren. Mein Urgroßvater, der Dorfschullehrer, hatte sie seinerzeit der lokalen Gefängnisbibliothek vermacht, von wo sie, vergilbt und ungelesen, drei Generationen später zurückkamen. Vom obersten, zugigen Boden aus, in dem die Wäsche zum Trocknen aufgehängt wurde, sah man übers Dorf hinaus in die Weite. Wenn ich an die Geschichte der Familientherapie denke, mit der seit 30 Jahren meine eigene Geschichte verknüpft ist, kommt es mir vor, als ob sie sich in einem steten Spannungsfeld zwischen dem Oben und dem Unten entwickelt habe. Einerseits war da die Lust am Überblick durch formelle Konzepte auf hoher Abstraktionsebene, wie sie mir im Dachboden der Aufklärung zuteil wurde, und andererseits gab es immer auch die Faszination mit dem geheimnisvollen Leben und den Gärungsprozessen unten im Keller.

Das Spannungsfeld zwischen einer objektivierend ahistorischen und einer subjektivierend historischen Perspektive gehörte also von Anfang an zur Entwicklung der Familientherapie. Es zeigte sich in der Kluft zwischen zwei theoretischen Schwerpunkten in der Betrachtungsweise menschlicher Probleme: Auf der einen Seite wurden Paare oder Familien als „Organismen" gesehen, welche es aus möglichst distanzierter Metaperspektive zu analysieren galt. Interaktionen zwischen den Menschen, welche ein Problem aufrecht zu erhalten schienen, wurden in Mustern beschrieben, klassifiziert und diese als Grundlage für problemlösende Interventionen benützt. Der „Tanz" einer sog. Problemfamilie wurde von außen beobachtet, und zwar mit einer „Hier-und-Jetzt-Perspektive", welche weder nach dem Woher noch Wohin fragte. In andern Worten: Zu welchen „Melodien" getanzt wurde und worauf diese hätten verweisen können im biopsychosozialen Feld und im Rahmen der Geschichte von Individuen oder Familien, interessierte wenig. Die andere, subjektivierend-historische Betrachtungsweise der Familientherapie fügte sich hingegen nahtlos psychoanalytischen und psychodynamischen Vorstellungen an. Dabei wurden Familien zwar ebenfalls als „Organismen" gesehen, jedoch als von ihrer Vergangenheit bestimmte, deren problematische Beziehungsmuster man mit unbewußten Motiven begründete. Dabei standen behindernde Loyalitäten oder Aufträge – oft unmögliche Missionen – aus der jeweiligen Biographie mehr im Zentrum als die in Geschichten angelegten Ressourcen. Es galt, die Leitmotive oder die Melodien, zu denen ein problematischer Tanz getanzt wurde, Schritt um Schritt aufzudecken, zu verändern oder zum Schweigen zu bringen. Die Skelette in den Tiefen des Familienkellers wurden kausal als Störfaktoren für die Gegenwart verstanden.

Geprägt von einer beruflichen Sozialisation, welche eher der zweiten Betrachtungsweise entsprach: Geschichte(n) von Individuen und Familien, verstanden als

Rumpelkammer voll verdrängter, unappetitlicher Dinge, die es ans Licht zu heben galt, erlebte ich die „Hier-und-Jetzt-Orientierung" der Familientherapie als Befreiung. Der europäischen Geschichte der Nachkriegszeit überdrüssig, welche nur aus Schuld, Scham und Traurigkeit zu bestehen schien, kam ich mir als Studentin der Familientherapie Ende der 60er Jahre in den USA vor wie der eiserne Heinrich am Schluß des Märchens vom Froschkönig: Ständig fielen die einengenden, traditions- und schuldbelasteten Eisenreifen der alten Welt von mir ab. Pragmatismus und Optimismus und der unerschütterliche amerikanische Glaube, daß es klüger sei, die Mäuse im Keller durch die Konstruktion einer besseren Mäusefalle zu überlisten als zu fragen, woher sie kamen, gaben der damaligen familientherapeutischen Bewegung phantastische Energien. Es wurden neue, emanzipatorisch und politisch orientierte Entwürfe für das Verständnis und die Heilung von abweichendem Verhalten und von Verrücktheit entwickelt, die mich faszinierten. Ronald Laing und Thomas Szasz hatten als Vordenker der sozial-psychiatrischen und der antipsychiatrischen Bewegung der späten 60er Jahre maßgeblichen Einfluß auf die Pioniere der Familientherapie. Das sog. medizinische Modell, das den Menschen einseitig als Produkt seiner biologischen und sozialen Bedingungen definierte, wie es dem 19. Jahrhundert zugeschrieben wurde, schien für immer überwunden. In den USA erschien 1967 ein dünnes Buch mit dem Titel „Robots, men and minds" („Von Robotern, Menschen und menschlichem Geist") zum systemischen Paradigma von Biologie und Psychologie, welches auf den Menschen als aktiven Gestalter seines Lebens verwies. Geschrieben hatte es ein österreichischer Professor der theoretischen Biologie, der in Kanada lehrte: Ludwig von Bertalanffy. Gregory Batesons „Ökologie des Geistes" kam wenig später, 1972, heraus. Darin führte er den systemtheoretischen Paradigmawandel weiter und zeigte auf, daß die menschliche Existenz und das menschliche Dilemma nur in der Zusammenschau von Biologie, Geist und Umwelt verstanden werden könne. Die Philosophie der beiden Autoren stimmte insofern überein, als beide den Menschen nicht einfach – wie die Behavioristen – als passiven Empfänger von internalen und externalen Reizen beschrieben und auch nicht als Opfer seines Milieus, wie Ronald Laing (1966), sondern als selbstaktivierten Gestalter seiner Lebenswelt. Mit ihren Entwürfen zu einer universellen Sichtweise mit fließenden anstelle von starren Grenzen zwischen Körper, Geist, Gesellschaft und Kultur knüpften Bateson und von Bertalanffy an einen alten Strang der Geschichte der Philosophie sowie der Medizin und der Literatur an. Ihre Ideen bezeichneten sie bescheiden als *Reorientierung* und nicht als paradigmatische Wende. Von Bertalanffy bezog sich explizit sowohl auf die mystische Medizin des Paracelsus als auch auf die Gestaltpsychologie Ludwig Köhlers und die kognitiven Theorien Jean Piagets, George Kellys, Jerome Bruners und anderer. Erkennen wurde von beiden Autoren als sozialer Akt der Neugier und des Spiels verstanden. „In a very real sense, the organism creates the world around it" (von Bertalanffy 1967, S. 91): „Im wahrsten Sinne des Wortes erzeugt ein Organismus die Welt um sich herum."

Die Frage, in welcher Weise Menschen ihre Welten „konstruieren", verbunden mit der Idee, daß jede Sichtweise nur eine Perspektive auf unbekanntes Land sein könne, die gefärbt ist von der jeweils dominanten Kultur und Sprache, ist im Menschenbild beider Autoren, Batesons und von Bertalanffys (op. cit.), zentral. Neugier und Kreativität im Erfinden von Möglichkeiten des Denkens und Handelns stehen darin hoch im Kurs. Seltsam scheint mir allerdings im nachhinein, daß ihre Ideen in den Entwürfen der familientherapeutischen Pioniere fast völlig von der sozialhistorischen, sinnverstehenden Perspektive getrennt wurden. Zwar haben die meisten familientherapeutischen Pioniere den gesellschaftliche Kontext von menschlichen Problemen erkannt und in die Therapie einbezogen, wie es Minuchins Arbeit mit Familien in den Slums zeigt. Die Frage aber, wie individuelle, familiale und kollektive Geschichte sich auf Wahrnehmung von und Umgang mit Problemen auswirkt, wurde dem Zeitgeist entsprechend als unwichtig abgetan. Schon in der Psychologie des 19. Jahrhunderts hatte es eine Spaltung in die behaviorale und in die sinnverstehende, in eine ahistorische und eine historische Tradition gegeben. Wieso sollte diese alte Auseinandersetzung den neuen Formen der Familientherapie erspart bleiben? Denkbar und aus der Retrospektive verstehbar ist, daß die anfänglich dissidente Stellung der Familientherapie, besonders in ihrer antipsychiatrischen Ausprägung, einen Legitimationsdruck erzeugte, welcher die Machermentalität einiger Pioniere herausforderte. Denkbar auch, daß die in psychiatrischen Einrichtungen tätigen männlichen Pioniere mit ihrer charismatischen Ausstrahlung und ihren bahnbrechenden Ideen der etablierten Psychiatrie eine Alternative entgegensetzten, indem sie sich dezidiert von sinnverstehenden Therapietraditionen abwandten und Lösungsmöglichkeiten im Hier und Jetzt für chronifizierte Probleme anboten.

Zur Bildung von „Schulen", wie sie in der Gründerzeit der systemischen Familientherapie entstanden, gehörten wie immer in Pionierphasen vereinfachte Ideen und ein handliches technisches Repertoire, das sich scheinbar ohne Rücksicht auf den jeweiligen Kontext auf jede Problemsituation übertragen läßt. Kein Wunder, daß in den 60er und 70er Jahren vorwiegend jener Strang systemischer Epistemologie, der aus der Informatik entwickelt wurde und heute als Kybernetik erster Ordnung bezeichnet wird, vorherrschte. Konzepte von Steuerung und Kontrolle sowie die Frage, wie Systeme ihre Ordnung „homöostatisch" aufrechterhalten und sich Änderungen widersetzen, standen im Zentrum des Interesses. Sluzki

(1990) weist allerdings darauf hin, daß der heute weithin kritisierte Begriff der „Homöostase" erst in der Familientherapieliteratur der 70er Jahre auftaucht. Der missionarische Eifer und die Geschichts- und Gedächtnislosigkeit, welche die meisten dieser Schulen charakterisierte, sowie der Fortschrittsglaube, der zu ihrer amerikanischen Variante gehörte, hat leider einigen interessanten Projekten aus den 70er Jahren eine allzu kurze Lebensdauer beschert. Der seinerzeitige Bruch vieler familientherapeutscher Pioniere mit der (amerikanischen Form von) Psychoanalyse und Tiefenpsychologie und ihre radikale Abwendung vom Konzept des Unbewußten sowie vom Begriff individueller Identität spaltete die familientherapeutische Bewegung. Um in der Metapher zu bleiben: Es gab einerseits eine psychodynamisch orientierte Gruppe, welche sich weiterhin mit den *Skeletten im Keller* befaßte und „sinnverstehende" Mehrgenerationenmodelle der Familientherapie entwickelte. Andererseits profilierte sich eine größere Gruppe mit familienorientierten Verhaltens- und Kommunikationstherapien (später strukturelle bzw. strategische Therapie genannt) oben im *Dachboden* des familientherapeutischen Hauses. Psychische Symptome wurden bei dieser Variante als erlernt und Probleme grundsätzlich als lösbar betrachtet.

Die Idee der strukturell/strategischen Gruppe, daß menschliche Probleme durch die Versprachlichung von Ereignissen zu solchen gemacht und deshalb durch Sprache gelöst werden können – „und die Welt hebt an zu singen, triffst du nur das Zauberwort" –, gefiel mir. Mit der damit gekoppelten Tendenz, Therapeutinnen und Therapeuten als Verhaltensingenieure oder als Magier zu verstehen, welche das Zauberwort aus dem eigenen Hut holen und dem staunenden Publikum präsentieren, hatte ich allerdings schon damals meine liebe Mühe. In den Mehrgenerationenmodellen der Familientherapie wurde hingegen psychoanalytisches und psychodynamisches Gedankengut weiter gepflegt, insbesondere die Idee, daß das „Aufarbeiten" der Vergangenheit und die Ausbalancierung von Schuld- und Verdienstkonten zwischen den Generationen Voraussetzung für individuelle Entwicklung und Problemlösung sei. Mir erschien diese Haltung in Verbindung mit dem Eifer und der Mühsal, Skelette aus dem Familienkeller auszugraben und ans Licht zu bringen, damals eher europäisch-depressiv. Die Auseinandersetzung mit der eigenen Biographie ging einher mit der belastenden Erkenntnis unseres Gefangenseins in Schuld und Zwang. „Die Fliege aus der Flasche zu befreien", das wichtigste therapeutische Anliegen in der Auseinandersetzung mit der persönlichen Geschichte, erlebte ich bei den Vertretern dieser Richtung oft als freudlose, mühselige Arbeit und als lange währende Abhängigkeit ihrer Klientinnen und Klienten von interpretierenden und deutenden Experten. Als es schließlich Mode wurde, in gewissen Formen der phsychodynamischen Gruppentherapie symbolisch die eigenen Eltern totzuschlagen, wandte ich mich erleichtert von dieser Art Geschichtsverständnis ab und den Entwürfen der verhaltens- und kommunikationsorientierten, strategisch-strukturellen Familientherapiemodellen zu. Allerdings war dort eine andere mir vertraute Vorgehensweise tabu: das Geschichtenerzählen der Klienten. „To change, not to understand is the goal of family therapy" (Verändern, nicht verstehen ist das Ziel der Familientherapie), habe ich aus den Anfängen bei Salvador Minuchin an der Child Guidance Clinic in Philadelphia noch im Ohr. Das Erzählen von Geschichten durch Klienten wurde oft sogar negativ bewertet und als Ablenkungsmanöver, als die Schweyksche Strategie („Da war doch mal einer...") apostrophiert. Im „Handbook of Family Therapy" erläutert Gurman (1981) diese Überzeugung so: „Natürlich mag die Erkundung eines Problems in bezug auf dessen Ursache in der Geschichte ein Vehikel zur Selbstöffnung sein, welches zur Grundlage von Empathie zwischen Partnern und zwischen Familie und Therapeut werden kann. In solchen Situationen entsteht eine Form von Kooperation, welche manchmal nicht einmal mehr die Entwicklung von Lösungen notwendig macht" (Übersetzung durch die Autorin). Die historische Perspektive als Strategie zur Verbesserung der Kooperation – alle Menschen erzählen gerne Geschichten –, sonst aber ohne Bedeutung, scheint hier die Botschaft zu sein. Daß das Erzählen von Geschichten per se Erfahrung so strukturiert, daß daraus neue Perspektiven, neue Handlungsfreiräume entstehen können, ist in dieser Sicht nicht vorgesehen.

Interessant ist, wie im damaligen Bemühen um rasche Verhaltensveränderungen die kognitive Wende der Psychologie der 50er Jahre, wie sie von George Kelly, Jean Piaget und Jerome Bruner eingeläutet wurde, fast gänzlich übersehen wurde. Technizistische Vorstellungen und ein Bild des Menschen als kontrollier- und instruierbar paßten besser zum Geist der 60er und 70er Jahre. Offenbar machte die Überzeugung, daß menschliches Verhalten weniger von genetisch und biographisch bedingten Eigenschaften als von problematischen Organisationsmustern im jeweiligen Milieu abhängig sei, blind für die Frage, in welcher Art der menschliche Geist unserer Schwachheit aufhelfen könnte. Bildlich ausgedrückt: Der Tanz von Klienten und Klientinnen wurde zwar nach allen Regeln der Kunst in Sequenzen und Mustern analysiert und als gutgemeinte, aber inadäquate Problemlösungsversuche verstanden. Die Frage jedoch, nach welcher Melodie getanzt oder nach welchen individuellen oder gemeinsamen Konstrukten (Bedeutungsstrukturen) gehandelt wurde, schien irrelevant. Sie wurde erst, wie es im ganzen Feld von Therapie üblich scheint, auf dem *Umweg über die Naturwissenschaften*, genau gesagt über die Neurobiologie, ernsthaft gestellt. Mitte der 80er Jahre kam von dieser Seite – ich erwähne die Namen Humberto Maturana und Francisco Varela (1987) – das Thema menschlichen Erkennens und menschlicher Geschichte erneut ins Zentrum und wurde nun begierig aufgenommen. Die Prämisse für die Entwicklung der Familientherapie zur systemischen Perspektive (Reiter, Brunner, Reiter-Theil, 1988) war damit gegeben. Eine integrative, „Melodie und Tanz", d. h. Konstrukte *und* Verhaltensmuster einbeziehende therapeutische Vorgehensweise trat an die Stelle der alten Dichotomie zwischen verstehenden und verhaltens-orientierten therapeutischen Modellen. Die scheinbar eindeutig definierbare Klientengruppe „Familie" wurde aufgehoben und durch ein ressourcen-orientiertes Menschenbild und eine „systemische", *multiperspektivische* Beschreibungsweise menschlicher Anliegen ersetzt. Diese fokussiert auf die Autonomie bzw. Selbstorganisation von Menschen in ihren jeweiligen Kontexten, wie sie im Geschichtenerzählen erkennbar ist. Systemische Therapie und Beratung als Begegnung dient als Grundlage individuellen Fallverstehens (Welter-Enderlin und Hildenbrand, 1996) und kann auf Menschen in vielfältigen Lebensbezügen, nicht nur auf Familien, angewendet werden.

Die Überwindung der a-historischen Theorien des Erkennens und Handelns erfolgte übrigens Hand in Hand mit der Beanspruchung einer eigenen Stimme durch *professionelle Frauen* im Feld systemischer Therapie (siehe dazu das „Frauenheft" der Zeitschrift Familiendynamik 12, 1987). Wir erzählten endlich unsere eigene Geschichte zum Thema Sexismus und Familismus im Beruf und im eigenen Leben. Und wir beschrieben, in welcher Weise das systemische Modell der Informatik und Kontrolle Klientinnen und ihre Therapeutinnen in ihrer Sicht- und Handlungsvielfalt behindert hatte. Wir stellten dabei auch einige Grundannahmen der mechanistisch-systemtheoretischen Therapiemodelle der ersten Generation zur Diskussion.

Vorstellungen von „gesunden" menschlichen Systemen z. B. hatten hierarchisch angeordnete Organisationsebenen und entsprechende Arbeits- und Funktionsabläufe (Miller

1978) zum Inhalt, wie sie zum überholten Tayloristischen Modell der Arbeitsteilung gehören. Quasi naturbedingte Hierarchievorstellungen im Bereich von Familie und Organisation verstellten den Blick dafür, in welcher Weise der Zugang zu oder der Ausschluß von Ressourcen „manmade" und veränderbar ist. Mit der vehementen Ablehnung der Idee der *Einsicht* in die vielfältigen Ursachen von Problemen, welche einem grüblerisch-depressiven Menschenbild zugewiesen wurde, hatten wir das Kind mit dem Bade ausgeschüttet. „Verhalten ist Verhalten ist Verhalten" (in Anlehnung an Gertrude Steins „a rose is a rose is a rose") hatte z. B. zum Verschleiern asymmetrischer Beziehungsverhältnisse geführt – ganz im Gegensatz zum ursprünglich vorgeschlagenen Systembild des Lebens mit seiner Betonung der Interdependenz von Macht und Ohnmacht.

Wir Therapeutinnen und Therapeuten der Machergeneration hatten übrigens nicht nur Definitionsmacht, sondern viel zu viel Verantwortlichkeit für die Lebensgestaltung unserer Klienten übernommen. Wir schienen immer besser zu wissen als sie, was ihre Ziele und die sogenannt korrekte Lösung ihrer Probleme sein könnten. Hinter der Einwegscheibe wurden quasi wissenschaftliche Hypothesen über beobachtete Verhaltensmuster und deren mögliche Funktion in den beobachteten Familien aufgestellt und mehr oder weniger elegante „Strategien" entwickelt, um sie zu Schrittwechseln zu führen. Zwar machten wir tatsächlich hochinteressante Beobachtungen über familiale Interaktionsmuster im Hier und Jetzt, doch waren diese eingeengt durch unseren Blick von außen und das „Verbot", sie mit den jeweiligen Bedeutungsstrukturen zu verbinden. Das Ignorieren von historisch erzeugten ungleichen Machtverhältnissen zwischen Frauen und Männern, aber auch zwischen Familien und Institutionen, war Markenzeichen vieler Schulen der Familientherapie und verführte dazu, Therapie als Anpassungsprozeß an Bestehendes zu betreiben. Je weniger wir uns um Familiengeschichten und um biographisch und gesellschaftlich miterzeugte Wirklichkeitskonstruktionen unserer Klienten und unserer Klientinnen kümmerten – also die Frage stellten, warum ihnen dies oder jenes geschah, wie sie es verstanden und warum sie es gerade auf die und keine andere Weise zu bewältigen suchten – desto mehr verliebten wir uns in die eigenen Hypothesen. Das, was wir Schulmedizin und einzelnen Psychoanalytikern vorgeworfen hatten: daß sie unabhängig vom Kontext der Betroffenen ein normatives Verständnis von Gesundheit und Krankheit statt einmalige Menschen in einer einmaligen Situation therapierten, praktizierten wir nun ein Stück weit selber. Ich weiß nicht, wer zuerst daraufkam, daß sich durch die Hintertür doch wieder das Bild des Menschen als Roboter statt als selbstaktiviertes Individuum mit Vergangenheit und Zukunft in die „Hier-und-Jetzt-Richtung" der Familientherapie eingeschlichen hatte. Ich erinnere mich an einen Kongreß im Jahre 1979, wo Salvador Minuchin, Pionier der strukturellen Familientherapie, das Videoband einer Therapie zeigte, bei der er einen rebellischen Jugendlichen direktiv in die Schranken wies. Mara Selvini Palazzoli aus der damaligen Mailänder Gruppe machte darauf ihrem Zorn auf die Kontrollansprüche und mangelnde Neutralität des Therapeuten lautstark Luft. „Er versteht keine trockene Feige von dieser Familie, warum wird er nicht Polizist", rief sie. – Ich habe schon erwähnt, daß es die Mailänder Gruppe war, die sich der Frage zuwandte, in welcher Weise Familien ihre Wirklichkeit erzeugen. Mit ihren Ideen über die Art, wie solche Konstrukte für Wandel nutzbar gemacht werden können, war sie bahnbrechend.

Daß der Trend zu raschen, verhaltensorientierten Lösungen ohne Verständnis für die Bedeutungsstrukturen, welche Menschen leiten, nach wie vor existiert, zeigen die laufenden Auseinandersetzungen in der Literatur. Als wir in der Arbeitsgemeinschaft für systemische Therapie und Beratung 1990 in Zürich eine Tagung zum Thema des Geschichtenerzählens planten, war uns bald klar, daß wir mit dem Tagungsthema nicht unbedingt im Trend der Zeit liegen würden. Die Einbeziehung einer historisch-biographischen Perspektive in das Verständnis menschlicher Probleme und ihre Verortung im regionalen und gesellschaftlichen Kontext, paßte offenbar wenig zur Entwicklung der systemischen Therapie. Vielleicht ist es dennoch kein Zufall, daß in einer Zeit großer wirtschaftlicher und politischer Umbrüche, von denen noch niemand weiß, wohin sie führen, wieder eine Hinwendung zu den Wurzeln in der kollektiven Geschichte und in der eigenen Biographie zu beobachten ist.

Ich will zum Schluß noch ein paar Ideen skizzieren, die mich bei der Auseinandersetzung mit dem Thema Geschichte und Geschichtenerzählen beschäftigen. Eine Frage wird mir immer wieder gestellt: Wie unterscheidet sich denn das skizzierte Verständnis von Geschichtenerzählen als Prozeß der Wirklichkeitskonstruktion von den Konzepten der psychodynamischen Familientherapie, die wir verlassen haben? Wie verstehen wir die Bedeutung von Familiengeschichte und Geschichtenerzählen?

Das Erzählen von Geschichten birgt die Möglichkeit zu vielfältigen Beschreibungen der Welt in sich. Erzählte Geschichten und Begründungen dafür, warum etwas so und nicht anders geworden ist, sind jedoch nie dasselbe. Darin liegt wohl der fundamentalste Unterschied zu einem kausalhistorischen Verständnis. Geschichten erzählen heißt: Erfahrungen mit Bedeutung versehen und von ihnen Sinn und Orientierungsmöglichkeiten für Gegenwart und Zukunft ableiten. Wenn Menschen hingegen auf ihre Geschichte hin befragt werden, damit eine Expertin oder ein Experte sie analysiert und daraus eine „wissenschaftliche Diagnose" ableitet, wie das beim traditionellen Erstellen von Krankengeschichten geschieht, ist das etwas anderes als das, was wir hier mit dem Erzählen von Geschichten im Rahmen von Therapiegesprächen meinen. Wenn nämlich Geschichten, ob sie nun durch Fragen evoziert oder frei fließend erzählt werden, als eine Art verstanden werden, wie Menschen ihre Erfahrungen organisieren und sie mit Bedeutung versehen, erkennen wir, wie einzelne sich selber sehen, aber auch die Unterschiede in den geistigen Landkarten von Beziehungspartnern. Unterstützt durch entsprechende Fragen, können die Erzählenden ihren Geschichten selber neue Bedeutungs- und Handlungsmöglichkeiten anfügen. Der therapeutische oder beraterische Prozeß wird dann nicht aufgeteilt in solche, die als Opfer ihres Schicksals Konflikte darstellen, und jene, die sie als Experten klassifizieren. Es handelt sich vielmehr um einen Prozeß des *gemeinsamen Redigierens von Lebensgeschichten* mit der Eröffnung von Möglichkeiten, unerledigte Geschäfte zu Ende zu führen und Handlungsfreiräume in der Gegenwart und Zukunft zu entdecken.

In der Geschichte der Psychologie hat bereits im 19. Jahrhundert Fechner (1836, zit. nach Bruner 1986) auf zwei mögliche Perspektiven des Erkennens hingewiesen. Er nennt eine davon, die paradigmatische oder logische Perspektive mit ihrem Fokus auf das Erkennen von Mustern und Strukturen, die *„Tagesansicht"* – und die andere Perspektive, eine interpretierende des Verknüpfens von Erfahrung mit Geschichte(n), die *„Nachtansicht"*. Während die Tagesansicht sich mit expliziten Erklärungen über die Ursachen des Bestehenden befaßt, hat Nachtansicht zu tun mit intuitiver, impliziter Bedeutungszuweisung und dem Erzeugen neuer Sicht- und Handlungsweisen durch metaphorische Transformation, also einem spielerischen „Tun als ob". Man könnte es auch so sagen: Die Tagesansicht erklärt, warum etwas so und nicht anders ist. Sie liefert allgemeines Wissen und ermöglicht Kriterien zur Klassifizierung von Phänomenen. Die Nachtansicht jedoch, unsere Geschichten, Mythen und Rituale, zeigen die Handlungsspielräume auf, die uns die Geschichte gelassen hat, und weisen von der Vergangenheit über die Gegenwart in die Zukunft. Geschichte wird zwar in jeder Epoche dem jeweiligen Zeitgeist entsprechend neu geschrieben und interpretiert. Geschichten aber ergeben Modelle für die Beschreibung der Welt, wie sie sein *könnte*. Sie laden ein, ihnen neue Kapitel anzufügen und diese mit persönlichen Bedeutungen zu versehen, aus denen Zukunft werden kann. Dabei verschmelzen Zeit und Raum zu einem untrennbaren Ganzen, zu einer Art „primitiven Erkennens" (Bruner 1986). Die Bedeutung von erzählten Geschichten wird intuitiv verstanden und braucht keine komplexe Analyse auf logischer Ebene. Geschichten lassen sich in diesem Verständnis nicht reduzieren auf den Ausdruck inneren Erlebens wie bei Freud, sie reflektieren auch nicht nur formale Denkprozesse wie bei Piaget, sondern zeigen kaleidoskopartig Nuancen von Ereignissen, die wir formallogisch kaum erfassen können. Erzählte Geschichten müssen darum nicht „bearbeitet" werden, sie dürfen Wirklichkeiten gebrochen erzeugen, wie in einem alten Spiegel. In einem Verständnis der Welt, das nicht in erster Linie dem Ringen um Wahrheit gilt, sondern auf der Erkenntnis beruht, daß menschliche Wirklichkeit immer durch eine Fülle wechselnder Perspektiven erzeugt wird, hat es Platz für beide, die Tagesansicht und die Nachtansicht, für allgemeines Wissen und individuelles Gestalten, für das Formelle und das Informelle. Geschichten dienen in diesem Sinn als Modelle für die Beschreibung von familialen und persönlichen Welten. Erzählte Geschichten sind jedoch nie das Modell selber, sondern jeweils eine mögliche Beschreibung, welche im Akt des Erzählens und Zuhörens andere Beschreibungsweisen eröffnen können.

Formelle Konzepte des Erkennens und Klassifizierens, z. B. in der psychopathologischen Diagnostik menschlichen Verhaltens, haben den Vorteil der formellen Logik und den Nachteil geringer Reichweite. Sie vertrocknen in der abstrakten Höhe des Dachbodens, wenn sie nicht verbunden werden mit der Nachtansicht, mit der „Sache selbst" unten im Keller, wo Mäuse die Kartoffeln anknabbern und der Most gärt und wo sich neben den Skeletten auch die Speisekammern befinden. Skelette im Keller und Schätze in den Speisekammern: Es lebt und arbeitet sich nach meiner Erfahrung wesentlich leichter, wenn wir einerseits versuchen, im Keller die Skelette zu begraben, welche unser Leben beeinträchtigen, aber auch auf das Eingemachte, auf unsere Ressourcen zurückgreifen. Um die Wahlmöglichkeiten, die sich durch den Zugang zum Eingemachten eröffnen, kreativ zu nutzen, tut der Weitblick vom Dachboden aus not. Das Beispiel von Helga und Kurt Hahn aus dem ersten Kapitel, die ihre Skelette im Keller begraben haben und dabei auf das Eingemachte ihres langen gemeinsamen Lebens gestoßen sind, ist eine schöne Illustration dafür.

Christine Brückner bekräftigt diese Erfahrung in der Geschichtensammlung mit dem Titel „Hat der Mensch Wurzeln":

„Der Erfinder des Zauberbergs, Thomas Mann, sagt:
Phantasie haben heißt nicht, sich etwas ausdenken, es heißt, sich aus den Dingen etwas machen. Genau das habe ich mit meinen Poenichen-Romanen versucht. Die Dinge, die Zutaten waren gegeben. Die Eiszeit hat die Landwirtschaft in Pommern bestimmt. Die Besiedlung des Ostens ist vornehmlich durch den Adel erfolgt. Die Historie mit allem Auf und Ab war gegeben. Zwei Weltkriege, Inflation, Weltwirtschaftskrise, Drittes Reich, Flucht und Vertreibung, Währungsreform, Wiederaufbau, Wiederbewaffnung – das alles war zu respektieren. Den Freiraum aber, den mir die Historie gelassen hat, habe ich mit Phantasie gefüllt ... Ich habe aus dem Indikativ des Lebens den Konjunktiv der Phantasie gemacht. Aus Realität wurde Irrealität. Also der umgekehrte Weg. Nachträglich habe ich mich mit meinem Lebenslauf einverstanden erklärt."

Das Haus meiner eigenen Kindheit ist abgebrannt. Die Dokumente auf dem Dachboden und die modrigen Balken im Keller existieren nicht mehr. Was überlebt, sind die Geschichten. Sie kommen ungerufen, wenn ich sie brauche. Sie sind das Eingemachte, aus dem ich mich und andere nähre und auf das hoffentlich noch viele Generationen zurückgreifen werden.

Literatur

Bateson, G. (1972): Steps to an Ecology of Mind, Ballantine, New York. Dt.: Ökologie des Geistes; Bertalanffy, L. von (1967): Robots, Men and Minds, Braziller, New York; Bruner, J. (1986): Actual minds, possible worlds, Harvard University Press, Cambridge; Gurman, A. S., Kniskern, D. P. (1981): Handbook of Family Therapy. Kommentar zu „Systems Theory Approaches", Brunner/Mazel, New York, p 310; Laing, R., Phillipson, H., Lee, A. R.: Interpersonal Perception, Perennial, New York; Maturana, H. R., Varela, F. J. (1987): Der Baum der Erkenntnis, Scherz, Bern; Miller, J. G. (1978): Living Systems, McGraw Hill, New York; Sluzki, C. (1990): Introduction to the Cumulative Index (vol 1–25). Fam. Process 29; Szasz, T. S. (1969): Ideology and Insanity, Anchor, New York.

■ **KAPITEL 3**

Geschichten zur Orientierung in aufgelösten sozialen Strukturen

Nutzung von Familiengeschichten in Therapien

In der Welt der „Postmoderne", in welcher uns Identität nicht mehr fraglos zur Verfügung steht durch Zugehörigkeit zu sozialer Schicht, Geschlecht und Rolle, sondern quasi täglich neu verhandelt werden muß, wird die eigene Familie mit ihrer Geschichte und ihren Geschichten zur wichtigsten Bühne für die Thematisierung des Selbst. Die Familie – es kann auch eine Ersatzfamilie sein, in der ein Mensch aufgewachsen ist oder mit der er verbunden ist – sei sie auch noch so ungewöhnlich oder konfliktbeladen, vermittelt ein Gefühl persönlicher Identität. Familiengeschichten formen das Selbst im Strudel von gesellschaftlichem Wandel und der Verflüssigung traditioneller sozialer Strukturen. Sie erzählen, was speziell, was einmalig ist an mir, sie sind eine Art „Logo" oder Kennzeichen, das mir Hinweise gibt, zu wem ich gehöre – oder nicht gehöre – und wie ich mein Leben verstehen kann.

Mein eigenes Leben ist verstrickt in Geschichten, an denen ich weiterstricke, lustvoll und leidvoll, wie es zu diesem Prozeß gehört. Im Augenblick bin ich dabei, sowohl Eingemachtes als auch Skelette im Familienkeller neu zu entdecken. Mit meinen vier Geschwistern bin ich Teil einer Erbengemeinschaft, die auf dem Land unserer Eltern eine Siedlung plant, in welcher die Schwestern mit ihren Männern vielleicht das Alter verbringen möchten, nicht aber die beiden Brüder mit ihren Frauen. Es zeigen sich bedeutsame Unterschiede, sowohl was die Beziehung zum Land und zur Familiengeschichte betrifft als auch die Vorstellungen über unseren Umgang mit Geld und Lebensstil.

Ganz besonders unterschiedlich sind unsere Ideen im Blick auf das Älterwerden. Ein Satz aus der Familiengeschichte, geäußert von unserem Vater: „Vergeßt nicht, daß euer Gras auf derselben Wiese gewachsen ist, auch wenn ihr euer Heu dereinst auf verschiedenen Heuböden lagert", dient uns als tröstliches Kennwort und hilft Brücken bauen dort, wo sich die Gräben der Unterschiede von Geschlecht und individueller Entwicklung zwischen uns auftun. Bei den folgenden Überlegungen wird es mir darum gehen, die Bedeutung des Geschichtenerzählens in der neueren Entwicklung der systemischen Familientherapie nachzuzeichnen und aufzuzeigen, welchen Stellenwert ritualisiertes Erzählen für Familien und Paare im Modernisierungsprozeß haben kann.

Das Verstricktsein in kausale Geschichten als „Archäologie" sowie das Grübeln nach Ursachen und Schuldigen für gegenwärtige Konflikte und besonders die Erregung der Entdecker über das Auffinden des Bösen oder Kranken, entspricht wohl der calvinistisch-kapitalistischen Schuldkultur, in der die meisten westlichen Menschen, auch Therapeutinnen und Therapeuten, sozialisiert sind. Der Fokus in so verstandenen linear-diagnostischen Prozeßen liegt auf den Mängeln und verstellt den Blick auf die Ressourcen von Menschen in kritischen Situationen. Auch in der Beratung von Organisationen erlebe ich häufig diese Orientierung an den Defiziten. Sie lautet dort z. B., daß als erstes „eine saubere Analyse der Probleme" hergestellt werden müsse, bevor gehandelt werden darf. Diese mit beraterischen Kontrollansprüchen verbundene Lust am Entdecken der Schattenseiten und Defizite im menschlichen Leben als Schutz vor unserer Hilflosigkeit kennen wir wohl alle – soweit ist die Psychologisierung des Alltags ja gediehen. Ein Satz wie der folgende: „Haben Sie sich auch schon mal überlegt, warum Sie gerade jetzt diese Krankheit bekommen haben?" oder „Ist das bei Ihnen immer so, daß Sie ...," kann dem Angesprochenen Unterstützung im eigenen Suchprozeß signalisieren, aber auch bereits bestehenden Versagensgefühle verstärken – je nachdem, wie dieser Satz vom Fragenden *emotional gerahmt* wird. Das heißt, ob sich jemand kalt erwischt und beschämt fühlt oder anteilnehmend-neugierig eingeladen, seine eigene Geschichte in eigener Sprache zu erzählen, hängt von der Art der affektiven Kommunikation durch die Fragenden ab.

Eindimensionale oder mehrdimensionale Therapieperspektiven?

Offenbar ist beim Hören von Geschichten die Frage, ob diese bloß den Zugang zu den „Rumpelkammern des Verdrängten" und dessen Einordnung in pathologisierende Kategorien oder auch den Blick auf die Ressourcen in der persönlichen „Speisekammer" eröffnen. Das entsprechende Dilemma begleitet verschiedene Formen der Beratung und der Psychotherapie seit langem. Es hat auch meinen eigenen beruflichen Werdegang geprägt, wie ich das in Kapitel 2 erzählte. Ende der 60er Jahre erlebte ich als Studentin der Familientherapie den amerikanischen Optimismus und Pragmatismus als große Erleichterung gegenüber der europäisch-depressiven Art, immer zuerst in den Abgrund zu blicken. Die ahistorische Orientierung, welche im amerikanischen Fortschrittsglauben enthalten war, dieser Glaube an die Machbarkeit von Lösungen durch Experten sowie an Wachstum durch wissenschaftliche Erkenntnis gab mir Schwung und Energie. Erst später habe ich am damit verbundenen Menschenbild zu zweifeln begonnen. Zwar hat es in der amerikanischen Geschichte der Psychologie schon lange auch einen anderen Strang gegeben: Der Kognitionspsychologe George Kelly zum Beispiel schrieb 1955 „Die Psychologie der persönlichen Konstrukte". Darin zeigte er auf, wie unsere persönliche Erfahrung Teil eines geschichtlich bedingten Universums ist und wie wir daraus Bedeutung erzeugen, indem wir unser Leben erzählen, immer wieder neu und abhängig vom jeweiligen Lebenskontext. Geschichten verstehe ich als geistig-emotionale Landkarten, welche den Lauf unseres Lebens begleiten und prägen und die wir durch das Erzählen so gestalten, daß sie Wirklichkeiten ermöglichen, die zu unserer Gegenwart und Zukunft passen. Einige dieser Geschichten stehen im Zentrum und dominieren unsere Gefühle, unser Denken und Handeln. Andere geraten ins Abseits – vielleicht, weil sie nicht den gerade dominanten Ideen und Normen mit den zugehörigen Rollenvorschriften entsprechen oder weil sie so schmerzlich oder schuldbeladen sind, daß wir sie wegstecken. Systemische Therapiemodelle geben zur Zeit folgende Bewältigungsmöglichkeiten für den Umgang *mit traumatischen Geschichten* vor:

1. Vergiß was war, schau nach vorn und vermehre deine Handlungsmöglichkeiten – das Leben ist zu kurz für archäologische Ausgrabungen. (Das sagen lösungsorientierte Kurzzeit-Therapeutinnen und Therapeuten.)
2. Laß dich in den Schmerz des erfahrenen Traumas hineinfallen, identifiziere die Täter und fordere Gerechtigkeit. (Das sagen z. B. Therapeutinnen und Therapeuten, die mit Opfern sexueller Gewalt arbeiten.)
3. Steig aus der Opferrolle aus und sag, „daß du es gern getan hast für deine Mutter oder deinen Vater". (Das wird z. B. in Aufstellungsritualen *nach Bert Hellinger* zu Menschen gesagt, die sich von ihren Eltern ausgenützt fühlen.)
4. Laß dich auf die Lebensthemen ein, die in der gegenwärtigen Krise zutage treten, nimm sowohl die Skelette als das Eingemachte im Keller wahr und entscheide, was du dir jetzt daraus machst. (Das ist das Modell „Fallverstehen in der Begegnung", wie wir es – 1996 – in Meilen beschrieben haben.)

Zwischen den Polen *Augen zu und durch* und dem, was etwas bösartig als *Selbsterfahrungskitsch* bezeichnet wird (also dem Wühlen in traurigen Geschichten), gibt es einen anderen Weg, mit einer traumatischen Geschichte umzugehen, der in Variante 4 enthalten ist. Er heißt „teilnehmende Biegsamkeit und Entwicklungsbereitschaft" (*Compassionate Resilience*, Schwartz, 1997). In meinem Verständnis ist das Erzählen auch tragischer oder schuldbeladener Geschichten, welches emotional zuverlässig gerahmt wird durch die Zuhörenden, ohne daß diese sofort eine Lösung anbieten, eine gute Möglichkeit, solch teilnehmende Biegsamkeit zu entwickeln. Auf diese Weise können Menschen Geborgenheit in der eigenen Geschichte erfahren, mit all ihren Licht- und Schattenseiten. Das Ich wird dabei am Du zum Ich (Martin Buber). Nur wer sich selber als einzigartiges Individuum und gleichzeitig als bezogener Teil eines Ganzen versteht, das vorher da war und nachher da sein wird, bekommt Lust, beim Gegenüber sowohl das Einmalige als auch das Universelle seiner Lebens- und Bedeutungswelten anteilnehmend zu entdecken. Die Geborgenheit in der Zeitgeschichte und im eigenen Lebenslauf, die sich aus solcher Begegnung ergibt, ist das, was vielen Menschen mangelt. Es ist eine Sehnsucht, mit der viele in Therapie kommen, auch wenn sie diese nicht unmittelbar in Worte fassen oder gar einen „therapeutischen Auftrag" daraus formulieren, wie Anfänger und Anfängerinnen im Feld von Therapie ihn so gerne bekämen.

Geborgenheit in der eigenen Geschichte

Die forcierte Subjektivität und Individualisierung im Modernisierungsprozeß macht „Familien zu dem Ort, an dem Individuen sich darüber Rechenschaft ablegen, wer sie sind" (Alois Hahn, 1988, in Lüscher et. al). Familien müssen wie erwähnt nicht Vater, Mutter und Kind sein – der Begriff kann auf vielfältige familienähnliche Welten ausgedehnt werden. Ob wir wollen oder nicht, ist die Identität des heutigen westlichen Menschen wesentlich strukturiert durch *private* Interaktions- und Sinnbildungsprozesse im Bereich von Paaren, Familien und anderen Formen emotionaler Bindungen. Wenn diese individualisierten Beziehungsformen aber keine Gefäße bilden, in denen einander erzählt und zugehört wird, sondern jeder nur das darstellt, was er oder sie selber liebt und wichtig findet, fehlt ein wesentliches Element für eine im Dialog entwickelte Identität. Der Dichter Botho Strauß (1989) beschreibt die Gefühlslage solchermaßen individualisierter Paare mit dem Satz: „Kein Grund mehr unter den Füßen, nur noch der Himmel über dem Kopf, der grenzenlose Äther der erlösten Gleichheit."

Kein Grund mehr unter den Füßen, keine Verläßlichkeit? Wo solche individualisierten Beziehungen keinen Raum bieten, in dem alltäglich auch banale oder schwierige Geschichten erzählt und vor allem *gehört* werden, weil jeder nur das liebt, was sie oder er selber herstellt, fehlt ihnen genau jenes Element der Begegnung, das moderne Beziehungen selbst in aufgelösten Strukturen gelingen läßt: Privatheit als der Ort, an dem Menschen einander erzählen, was sie bewegt und wer sie sind. Wenn ich an die Paare denke, die zu mir in Therapie kommen, erscheinen unter dem Stichwort „Kommunikationsprobleme" Dutzende von Varianten zu diesem Bedürfnis nach geschütztem Erzählendürfen und sicherem Gehörtwerden. Ich illustriere hier eine davon: Thomas kommt in Therapie und beklagt sich, daß seine Partnerin Renata immer wieder „dieselbe Platte laufen läßt und daß er ihrer müde ist". Thomas kann vermutlich davon ausgehen, daß Renatas Geschichten deshalb eingefroren sind, weil sie bisher kaum je die Erfahrung machte, daß Thomas sie mit bezogenem Zuhören und anteilnehmenden Fragen ermutigt hat, ihre Geschichte so zu erzählen, daß daraus Lösungen sprießen konnten. Würde er Renata hingegen auf einen Abendspaziergang einladen und sie auffordern zu erzählen, ohne daß er sie auf die richtige Lösung weist, würde sich die Stimmung positiv verändern. Wenn umgekehrt Renata sich beklagt, daß ihr Partner ihr nie zuhört, wenn sie erzählt, kann sie davon ausgehen, daß Thomas annimmt, im voraus zu wissen, was sie sagen wird und sich vielleicht aus Konfliktscheu oder Angst vor ihrer „psychologischsprachlichen Überlegenheit" innerlich die Ohren zuhält oder davonläuft. Renatas üblicher Satz „Du kannst mich einfach nicht verstehen" wirkt hier selten konstruktiv – im Gegenteil. Wenn es Renata hingegen gelingt, trotz der erlernten weiblichen Verantwortlichkeit für die Beziehung Thomas' diesbezüglicher „Einladung" zu widerstehen und sein abweisendes Verhalten nicht psychologisch zu interpretieren: „Du bist halt immer noch der Sohn deiner Mutter, der sich die Ohren verstopft", sondern ihn direkt zu fragen: „Bist du bereit, mir zuzuhören? Ich möchte dir etwas Wichtiges erzählen", besteht die Chance, daß Erzählen *und* Zuhören bei diesem Paar in eine neue Balance kommen. Das heißt nicht, daß die beiden dann zusammenbleiben. Aber auch wenn sie auseinandergehen, geschieht dies vermutlich auf eine „reifere" Weise als ohne den gemeinsamen Dialog. – In anderen Worten: Der mit modernen Individualisierungsprozessen verbundene Anspruch auf den fließenden Austausch von Geschichten, Wünschen und Meinungen zwischen Liebespartnern kann häufig nicht ohne Umwege und Konflikte erfüllt werden, weil den meisten Menschen entsprechende Vorbilder dafür fehlen.

Selbstverständlich trifft die Beschreibung „erlöster Gleichheit" in zeitgemäßen Beziehungen keineswegs auf alle Paare oder anderen privaten Bindungen zu. Es gibt nach wie vor auch Gruppen in der Bevölkerung, für die das Verstricktsein in Geschichte und Geschichten eher Gefängnis als Erlösung bedeutet. Sie leben in überkommenen Strukturen mit ungleichen Machtverhältnissen, die aber nicht verhandelt werden dürfen und in denen nur die Geschichten oder Stimmen der hierarchisch Überlegenen und der ihnen dienenden Experten oder Expertinnen Raum bekommen. Auch im Berufsfeld der systemischen Familientherapie sind wir nicht gefeit vor Einschränkungen des Rederaums gewisser Klientinnen und Klienten. Wenn ich an die vielen Kinder denke, die oft von Sitzung zu Sitzung schweigend dabei sitzen, weil sie auf die üblichen Fragen von Erwachsenen keine Antwort haben und für ihre eigenen Ausdrucksformen keine Resonanz finden, ist das ein Beispiel für solches Tun. Auch in den sog. lösungsorientierten Kurztherapien besteht die Tendenz, daß das Vokabular von Therapeutin oder Therapeut jenes der Klienten dominiert. Ich will darauf noch eingehen. Bevor ich diesen Abschnitt schließe, will ich daran erinnern, daß der Geist des skizzierten Individualisierungsprozesses mit seinem Anspruch auf Selbstdarstellung durch Erzählen nicht in allen Milieus gleich stark weht. Burkart und Kohli (1992) zeigen auf, wie sich der moderne Invidivualisierungsprozeß in bestimmten Familien- und Paarwelten vermischt mit Tradition und wie sehr unter scheinbar neuen noch die alten Vorstellungen lebendig sind. Dort, wo sprachliche Interaktionen eingeschränkt sind, weil sie nicht den überkommenen, traditionellen Familienstrukturen entsprechen, dient das Geschichtenerzählen nach meiner Erfahrung eher der Eingrenzung (so war das schon immer bei uns) als dem Auftakt zu Neuem. Ein Beispiel:

Myrta, eine junge Frau, gelernte Kindergärtnerin aus der Stadt, heiratet einen Bauernsohn, Alois, und zieht auf seinen Hof im „Hinterland". Als später die drei Kinder des Paares zur Schule gehen, wagt Myrta ihrem Mann zu sagen, daß die Hofarbeit sie persönlich nicht erfülle und sie gerne eine freiwerdende Stelle als Kindergärtnerin im nahen Dorf übernehmen möchte. Mit ihrem Lohn – an Geld fehle es sowieso – könnte sie für die Familie wichtige Anschaffungen tätigen und auch den Lohn für eine Hilfskraft auf dem Hof übernehmen. Alois, im Dilemma zwischen hergebrachten und modernen Vorstellungen über die Rolle einer Bauersfrau, stellt sich nicht direkt gegen Myrtas Wunsch, erzählt ihr aber – worüber er noch nie geredet hat – von den Flüchen, die sein Vater damals ausgestoßen habe, als Alois eine Städterin heiraten wollte. Seine Mutter und sein Vater sind inzwischen gestorben. „Aber die Balken unter unserem Dach sind voll von Vaters Flüchen, und wenn du jetzt tust, was er prophezeit hat, kommt es nicht gut", sagt Alois.

Nach Wochen des Haderns kommt Myrta auf eine Kompromißlösung. Sie schlägt ihrem Mann vor, daß er den Prediger der „Brüdergemeinde" kommen läßt, zu der die Schwiegerfamilie gehörte, damit dieser die Flüche ihres Schwiegervaters in den Balken austreibe. Myrta redet nicht mehr von ihrem eigenen Wunsch nach persönlicher Zufriedenheit (ein moderner Anspruch von Frauen), sondern kehrt zu einer symbolischen, ritualisierten Kommunikationsform zurück, die zur traditionellen Welt der Schwiegerfamilie paßt. Das schließlich erfolgte „Austreibungsritual" kostet zwar Geld – aber der damit verbundene Kompromiß bringt dem Paar Entspannung und neue Geldquellen.

Nicht nur erzählte Geschichten, sondern auch *Rituale*, mit denen Übergänge wie Geburt, Heirat und Tod, oder Übergänge zwischen Hergebrachtem und Neuem symbolisiert werden, geben Auskunft über familiale Bedeutungswelten. Geschichten und Rituale informieren über die Bedeutung von Sexualität, von Liebe und von Macht sowie über den Umgang mit Familien-Innenseitern und -Außenseitern. Was unter der Oberfläche des scheinbar Modernen an alten Bildern und Rollenzuweisungen versteckt ist oder anders gesagt, zu welchen hergebrachte Melodien Menschen ihren Tanz als Paar und Familie tanzen, läßt sich am besten erfahren durch die Art, wie sie Ereignisse erzählen oder ritualisieren. Wenn ich ein Paar in der ersten Beratungsstunde nach den Geschichten ihrer ersten Verliebtheit, ihres „Hochzeitsrituals" und der Einbeziehung oder dem Ausschluß ihrer Familien dabei frage, vermitteln sie mir ihre Orientierungsmuster in Zeiten des Übergangs.

Trotz der erwähnten Unterschiede von Milieus und einzelnen Biographien sind die meisten westlichen Menschen berührt vom Zeitgeist der modernen Vielfalt in den Lebensformen sowie vom Anspruch an die Machbarkeit von Glück – oft im Widerspruch zu hergebrachten Orientierungsmustern. Je rationaler oder wissenschaftlicher die Vorgehensweisen sind, mit denen wir unser Leben im Hier und Jetzt gestalten wollen, desto eher treibt das sogenannte Irrationale unter der Oberfläche der Lässigkeit, mit der wir miteinander umgehen, seine wunderlichen Blüten. Beim Erzählen und Zuhören können solche wunderlichen Blüten manchmal zu einem Strauß gebunden werden, der Wandel symbolisiert.

Zu systemischen Therapieprozessen

Ich beobachte, daß die gegenwärtige Entwicklung der systemischen Therapie den Zeitgeist der Individualisierung in folgenden Tendenzen spiegelt: Einmal gibt es das, was Soziologen in Anlehnung an Richard Sennett (1983) die *Tyrannei der Intimität* nennen, also die bereits erwähnte Individualisierung und Subjektivierung menschlicher Beziehungen. Zum anderen gibt es in systemischen Kurztherapien den Trend zu direktiven Fragestellungen und Lösungsideen, welcher therapeutische Eloquenz ins Zentrum stellt. Und zum dritten beziehe ich mich auf das Modell, das dieses Buch als roten Faden durchzieht: Therapie als Verstehen der Bedeutungs- und Handlungsstrukturen, die in den einmaligen Lebensgeschichten angelegt sind und als Basis für Wandel dienen.

Nachdem ich den Kult von Gefühligkeit und Subjektivierung des Lebens, quasi als Gegentendenz zur Kälte der rationalen Welt, bereits in seiner sozialen Bedingtheit skizziert habe, möchte ich lediglich anfügen, was dieser für Therapien bedeuten kann. Wenn nicht Geschichten erzählt, sondern Gefühle dargestellt und nach ihrer Tiefe und Echtheit bewertet werden, besteht die Tendenz zu einer Trennung der Gefühle vom Verstand sowie von den sozialhistorisch bedingten, lebensweltlichen Verhältnissen, unter denen Frauen und Männer leben. Durch vorgestanzte therapeutische Interventionen wie etwa „Reden Sie doch bitte über Ihre Gefühle, nicht über die Fakten" wird eine künstliche Trennung von Logik und Affekt (Ciompi, op. cit.), von Persönlichem, Sozialem und Politischem bewirkt. Geschichtenerzählen zur Sinnfindung und Zukunftsgestaltung im Rahmen einer therapeutischen Begegnung bedeutet hingegen, daß eine einmalige Familiengeschichte mit den darin enthaltenen Anekdoten als Nährboden für den Entwurf von *möglichen Wirklichkeiten* interessiert. Gerade weil es nicht „die" Familie gibt, sondern eine Pluralität von Familienformen, entsteht auf diese Weise Individualität in der Gemeinschaft. Menschen, will man sie verstehen, sollten also nicht getrennt werden von ihrer Geschichte und den darin angelegten Lebensthemen. Eine Verbindung des subjektiven Erlebens und der entsprechenden Bedeutungsgebung mit den Tendenzen einer bestimmten Epoche – den Ähnlichkeiten des Einmaligen mit dem Allgemeinen – ist angezeigt. Es geht dabei um das in der Wissenschaft schon lange thematisierte Verhältnis von Figur und Grund, also dem Verstehen eines Individuums auf dem Hintergrund seiner Biographie, die ihrerseits Teil eines größeren Ganzen ist. Zu diesem Verhältnis von Figur und Grund erzählt der bereits zitierte Psychologe George Kelly (op. cit.) ein Beispiel:

„Der nichtjüdische Therapeut, der zum ersten Mal mit jüdischen Klienten in Berührung kommt, ist vielleicht verblüfft von den Ähnlichkeiten, die er im Vergleich zu seinen anderen Klienten bemerkt. Will er sie aber als Personen verstehen und sie nicht als Juden mit einem Stereotyp belegen, so darf er weder die kulturellen Erwartungen – die Erwartungen der jüdischen und der christlichen Kultur – ignorieren, noch den Fehler machen, sich nur auf die allgemeinen Konstrukte (Geschichten) der Gruppe zu konzentrieren und die persönlichen Konstrukte auszuschließen."

Verbindung von Verstehen und Handeln

Wie könnte die notwendige *Integration* von Geschichtlichkeit mit einmaligen Problemlösungs-Entwürfen konkret aussehen? Oder anders gefragt, wie kann im therapeutischen Prozeß aus Vergangenheit Zukunft erzeugt werden? „Es handelt sich um ein simples und ungeheures Lebensproblem, das der Treue. An dem Verlorenen festhalten, ewig beharren, bis an den Tod – oder aber leben, weitergehen, hinwegkommen, sich verwandeln, und dennoch nicht zum gedächtnislosen Tier herabsinken" (Hugo von Hofmannsthal). Das Anliegen ist also, auf dem Hintergrund ihrer *Lebensgeschichte* und den darin enthaltenen *Lebensthemen* Menschen so zu unterstützen, daß sie sich weiterentwickeln können, ohne das Gedächtnis zu verlieren. Gelingt ein solcher therapeutischer Prozeß, kann das Erzählen von Geschichten zur Selbstvergewisserung und zur Verwurzelung beitragen, welche in den mobilen Gesellschaften nicht mehr selbstverständlich zur Verfügung stehen. In Geschichten und den darin enthaltenen Themen kann Sinn und Orientierung gefunden werden in Zeiten rapiden sozialen Wandels mit ihrer oft überwältigenden Wertevielfalt.

Geschichten dienen der Besänftigung von Chaos, wenn sie so erzählt werden, daß nicht einfach – im Sinne unserer dominanten Schuldkultur – Sündenböcke genannt werden für unser Sosein (die „schwarzen Pädagogen" oder die „dominierenden Mütter"), sondern auch die Schätze im eigenen Keller gehoben und daraus alternative Geschichten gewebt werden. Dazu Wilhelm Schapp „In Geschichten verstrickt" (1976): „Wenn wir von menschlichen Eigenschaften reden, so mag die letzte Grundlage dafür sein, daß die Geschichten von Anbeginn eine Wachstumsrichtung haben, daß in jeder Geschichte schon die zukünftige Geschichte mit angelegt ist, daß die vergangene Geschichte die zukünftige hervortreibt, aus sich herausprießen läßt ..." Das bedeutet, daß sowohl Abschied vom Hergebrachten ohne Gedächtnisverlust als auch Aufbruch zum Neuen zu jeder Krisenbewältigung gehören. Die Frage, wie aus Vergangenheit Zukunft wird statt Erstarrung in Schuld und Resignation, kann also am besten damit beantwortet werden, daß bereits schon das Erzählen und das Zuhören Sinn und neue Perspektiven erzeugt. Therapeutische Fragen und Hinweise, welche die das Individuum übergreifenden Sinnstrukturen und das kollektive Gedächtnis verknüpfen mit dem, was der Erzähler oder die Erzählerin sich daraus machen, geben die Richtung an. Ein Beispiel:

Lisa, 42, die zu mir in ein Führungscoaching kommt, erzählt mir über ihre ewig unzufriedene Mutter, die in den 50er Jahren jung war und sich erst jetzt, im Alter, beschwingt dem Leben öffnet, was die Tochter mit Bitterkeit erfüllt. Sie hätte als Kind gerne eine lebhafte, zufriedene Mutter gehabt, meint sie, die ihr Mut zum Ausbreiten ihrer eigenen Flügel gemacht hätte, statt diese zu stutzen. Zusammen reflektieren wir darüber, was die Dinge aus dem Leben ihrer Mutter gemacht haben und was für Möglichkeiten sie damals hatte – immer mit der Frage, was die Tochter sich nun selber aus ihrem Leben macht. Ich erzähle der jungen Frau über die Zeit der 50er Jahre, die ich als Jugendliche erinnere, mit ihrem Mythos von *Familien als Naturreservat*, welches von den Müttern zu pflegen war. Lisa fragt darauf ihre Mutter mit anteilnehmender Neugier nach ihrem Leben als junge Erwachsene und nach ihren damaligen Träumen. Sie hört von ihr unbekannte Geschichten von Anpassung und Einengung und von Wut auf sich selber. Schließlich entscheidet sich Lisa, ihre Mutter „um Erlaubnis zu bitten", über sie hinauszufliegen, statt aus Loyalität zu ihr die eigenen Träume ebenfalls zu begraben, und bekommt diese auch – unerwartet selbstverständlich.

Natürlich interessiert mich im therapeutischen Prozeß immer die Frage, wie und warum Erzählende im Zusammenhang mit dem Ganzen ihrer Lebensgeschichte einzelne Elemente – *meine unzufriedene Mutter hat mir die Flügel gestutzt* – herauslösen und daraus Wirklichkeit – *ich als ihr Opfer* – konstruieren. Daraus lassen sich die bisherigen Bedeutungsstrukturen, auch die behindernden, eines Menschen ableiten und verändern. Es sind ja nicht die Fakten, welche unser Handeln bestimmen, sondern die Bedeutung, die wir ihnen geben sowie die Sprache, in der wir darüber erzählen. Wenn Vergangenes in Sprache gefaßt wird, können Unterschiede zwischen damals und heute erzeugt werden und alternative Möglichkeiten sprießen.

Ein anderes Beispiel zur Bedeutung des Erzählens und dem daraus folgenden Handeln stammt aus einem Leserinnenbrief zu einem Artikel über sexuelle Gewalt (Tages-Anzeiger Zürich vom 16. 4. 91):

„Fünf Jahre lang habe ich geschwiegen.
Freundinnen machten im Radio eine Spezialsendung. Ich hörte sie mir an; ich hörte, was diese Frauen zu diesem Thema – zur Gewalt an Frauen, zur Macht der Männer – zu sagen hatten. Ich saß da und spürte plötzlich, wie andere damit umgehen. Das gab mir eine Art Sicherheit. Ich konnte an diesem Abend ein Stück los lassen. Und ein paar Monate später brach ich mein Schweigen. Ich begann mit meinem Freund, den ich damals kennenlernte, und mit den Frauen vom Nottelefon darüber zu reden. Seit ich darüber rede, habe ich mich – und das ist positiv – radikalisiert: Ich weiß, was ich will, und ich weiß auch, was ich nicht will. Ich kann dieses Wissen formulieren, selbst in der Sexualität. Ich denke, ich habe durch Reden Sachen begriffen, die mir vorher fremd waren. Ich lasse nicht nur geschehen, ich mache auch etwas, ich engagiere mich."

Die mündliche und schriftliche Veröffentlichung des Erlebten schafft hier die Basis für verändertes Handeln. Die eigene Geschichte erzählen und schreiben ergibt eine

Wachstumsrichtung; die Bedeutung von Erfahrung wird in einen neuen Rahmen gestellt: Ich lasse nicht nur geschehen, ich mache auch etwas ... Wie „wahr" die Erfahrung dieser Frau ist, spielt eine geringe Rolle. Dazu Peter Bichsel (1987): „Einen Geschichtenerzähler tötet man damit, daß man ihn auf die Wahrheit verpflichtet. Die Wahrheit bleibt dem Ernst des Erzählers überlassen." Sowohl das alltägliche Erzählen als auch das Geschichtenerzählen in Beratung oder Therapie wirkt dann tröstlich und eröffnet Perspektiven, wenn es nicht durch einengende Fragen nach möglichen Lösungen oder durch vorschnelle positive oder negative Deutungen und Interpretationen von außen in eine fremde Richtung gelenkt wird. Wenn ein Mensch, sei das nun eine Freundin oder ein Therapeut, den Prozeß des Erzählens emotional rahmt und offen zuhört, bleibt eine Geschichte zwar manchmal unabgeschlossen und uneindeutig. Aber dafür eröffnet sie dem Erzählenden selber neue Sichtweisen auf sich und seine Welt; sie oder er wird erfinderisch und entdeckt zum Beispiel eine Vielfalt neuer Möglichkeiten anstelle des eindimensionalen „weil damals ... darum heute".

Therapeutische Sprache und therapeutisches Zuhören

Es gibt eine Tradition in der systemischen Familientherapie, welche auf „Interventionen", also aktives Strukturieren von Prozessen durch die Therapeutin oder den Therapeuten verweist. Eine erweiterte systemische Problemdefinition, die zum Beispiel Symptome als Vorboten von Wandel positiv konnotiert, ist eine solche Intervention. Das „Verschreiben" von Hausaufgaben am Schluß des Gesprächs ist eine andere. In der zeitgenössischen Hast, kurz zu sein, stehen besonders Fragen als Interventionen im Zentrum: „Was sind Ausnahmen zu dem, was Sie als Problem beschreiben –

wann taucht es nicht auf?" oder „Was wäre, wenn ein Wunder geschähe und Ihre Tochter wieder wie früher ‚normal' essen würde?" oder „Was meinen Sie, daß Ihr Vater empfindet, wenn er Ihre Mutter weinen sieht?"

Interessant ist, daß selbst in den als *narrativ* bezeichneten Kurztherapietheorien (White & Epston, 1990) kaum über *die Bedeutung des Schweigens* bzw. des nicht-direktiven Zuhörens durch Therapeutinnen und Therapeuten geschrieben wird. Roberts (1994) reflektiert in ihrem Buch über das Geschichtenerzählen in Therapien die mit solchem Interventionismus verbundene Gefahr, daß Therapeuten durch Fragetechniken ihr eigenes Vokabular und ihre persönliche Weltsicht den Geschichten von Klientinnen und Klienten überstülpen. Die Autorin berichtet von einer Therapiesitzung, in der Michael White (op. cit.) in der guten Absicht, rasch zu einer Lösung für das präsentierte Problem zu kommen, seine eigenen Worte in Frageform auf die Geschichte von Mike, einem jugendlichen Brandstifter, drückt. Roberts (op. cit., S. 27) dazu: „But you can feel the tension as the therapist pushes his vocabulary, his line of questioning, and his language on Mike's story, and Mike and the other family members want to say what they have to say in their own words."[1]

Die Verantwortung für den Entwurf eines neuen Kapitels Lebensgeschichte von Klientinnen und Klienten liegt bei solch direktivem Vorgehen einseitig beim Therapeuten. Das mag ab und zu in kritischen Situationen nötig sein, doch wird die Autorität und Autonomie der Erzählenden damit eingeschränkt – sowie auch die Möglichkeit, die eigene Geschichte in den Rahmen der allgemeinen Normen, der „gesellschaftlichen Narrative", zu

---

[1] Übersetzung der Autorin: „Aber du kannst die Spannung fühlen, als der Therapeut sein eigenes Vokabular, seinen Fragemodus und seine Sprache auf Mikes Geschichte stülpt, während Mike und seine Familie das, was sie sagen wollen, in ihren Worten auszudrücken suchen."

stellen. Ganz besonders wichtig finde ich diese Verknüpfung mit dem gesellschaftlichen Kontext bei den persönlichen Geschichten von Frauen, die in kulturelle Rollenvorschriften verstrickt sind, welche ihnen z. B. Selbstlosigkeit, Opferbereitschaft und Abhängigkeit von Männern zuschreiben. Das Persönliche mit dem Allgemeinen von Geschichte und Kultur zu verbinden, lökt wider den Stachel einer geschichtslosen Subjektivierungs- und Schuldkultur, indem das Subjekt und sein Gedächtnis ernst genommen werden.

Die „Leichtgläubigkeit" der Zuhörenden (Kelly op. cit.), ihr Interesse an Geschichten, ihr offenes Zuhören anstelle von direktiven Fragen, läßt Klienten Wirklichkeiten in ihrer eigenen Sprache beschreiben und mit den dominanten sozio-kulturellen Narrativen verknüpfen. Damit entsteht für sie eine Form von Wahrheit, welche ihre eigene ist, auch wenn sie im Widerspruch zu jener der Fragenden oder zu dominanten wissenschaftlichen Kategorien steht. Darum sind oft statt direktiver eher offene, auf Zukunft verweisende Fragen angebracht, z. B.: „Wollen Sie von den beschriebenen Verletzungen Abschied nehmen, und was könnten Sie dazu beitragen, mit Ihrem Sohn wieder ins Gespräch zu kommen und auch seine Geschichte zu hören?" Durch Erzählen und Gehörtwerden können Erzählende in Berührung kommen mit bisher ausgeschlossenen Elementen ihrer eigenen Geschichte. Dabei können sie Schätze ans Licht heben – „damit haben wir in unserer Familie doch Erfahrung" –, aber auch quälende Geheimnisse lüften und ihnen Sprache und Form verleihen, womit sie frei werden von den Gespenstern, die im Familienkeller rumoren. Das Erzählen von Geheimnissen – möglichst in Anwesenheit der daran Beteiligten – und das Abschiednehmen von alter Schuld kann sich so in neue Energien verwandeln. Abschiednehmen von quälenden Geschichten heißt dabei nie, das Gedächtnis zu verlieren. Es bedeutet vielmehr, alte Kränkungen nicht mehr als Waffe, als Trumpfkarte oder als Heiligenschein mit sich zu tragen, Macht nicht mehr aus der Rolle des Opfers zu beziehen, sondern zu erkennen, daß in jedem von uns beides angelegt ist, die Tendenz Herr oder Knecht, Täter oder Opfer zu sein.

Der Umgang mit der eigenen Geschichten von Familientherapeutinnen und -therapeuten

Meine eigene Erfahrung, auf die ich in Kapitel 6 und 9 eingehen will, hilft mir, Frauen und Männer in der Aus- und Fortbildung als systemische Therapeut/innen zu ermutigen, nach eigenen Schätzen oder Skeletten in ihrer Biographie zu suchen, wann immer sie im Beratungsprozeß auf Situationen stoßen, die damit zu tun haben könnten. Meine Frage nach ihren persönlichen Familienthemen, die jenen einer Klientenfamilie ähnlich sein können, bewegt nicht selten einen steckengebliebenen Therapieprozeß in eine neue Richtung. Die persönliche Entwicklung eines Supervisanden oder einer Supervisandin wird durch das Anknüpfen an eigene Geschichten oft so nachhaltig beeinflußt, daß er oder sie manchmal bemerkt: „Eigentlich müßte ich meine Klientenfamilie für diese Nachhilfestunde bezahlen." Im anteilnehmenden Zuhören, im blitzartigen Erkennen von Motiven, Aufträgen oder Verboten, die z. B. durch das Geschichtenerzählen in Supervisionen deutlich werden, liegt die Chance, diese neu zu definieren und neu zu verhandeln, selbst wenn die Menschen, die sie uns vermittelt haben, bereits gestorben sind. Es braucht nach meinem Dafürhalten für eine solche Erfahrung nicht unbedingt eine langjährige Psychoanalyse, sie kann auch vermittelt werden im Laufe der eigenen Entwicklung oder einer beruflichen Weiterbildung, die der persönlichen Geschichte entsprechenden Raum gibt und die Auseinandersetzung mit Angehörigen oder jenen, die sie gekannt haben, unterstützt.

Die tröstliche Botschaft in den meisten, auch den traurigen Familiengeschichten heißt, daß wir nicht in der Luft hängen, sondern daß wir Boden unter den Füßen in unserer Vergangenheit, Gegenwart und Zukunft haben. Wenn wir uns in Geschichten hinein fallen lassen und gehört werden, erfahren wir rational geprägten Menschen aufwühlende und anrührende Bilder. Persönliche Geschichten als Teil der allgemeinen Geschichte eröffnen Wahlmöglichkeiten, wenn sie zum Indikativ „So ist es" den Konjunktiv „So könnte es werden" fügen.

Literatur

Bichsel, P. (1987) Aus Geschichten lernen, in: Irgendwo, anderswo, Luchterhand, Frankfurt; Burkart, G., Kohli, M. (1992) Liebe, Ehe, Elternschaft – Die Zukunft der Familie, Piper, München; Ciompi L. (1997) Die affektiven Grundlagen des Denkens. Entwurf einer fraktalen Affektlogik, Sammlung Vandenhoeck, Göttingen; Hahn, A. (1988) Familie und Selbstthematisierung, in: K. Lüscher, F. Schultheis, W. Wehrspaun (Hrsg.): Die „postmoderne" Familie, Universitätsverlag, Konstanz; Kelly, G. A., amerikanisches Original 1955, deutsche Übersetzung 1986. Die Psychologie der persönlichen Konstrukte, Junfermann. Paderborn; Roberts, J. (1994) Tales & Transformations, Stories in Families and Family Therapy, Norton, New York; Schapp, W. (1976) In Geschichten verstrickt – Zum Sein von Mensch und Ding, B. Heymann, Wiesbaden; Schwartz, R. (1997) Don't Look Back, in: Family Therapy Networker, Washington DC, Vol. 21, No. 2; Strauss, B. (1989) Über Liebe, Reclam, Stuttgart; Welter-Enderlin R. und B. Hildenbrand (1996) Systemische Therapie als Begegnung, Klett-Cotta, Stuttgart; White M. & D. Epston (1990) Narrative Means to Therapeutic Ends, Norton, New York.

■ **KAPITEL 4**

Was heißt eigentlich „systemisch"?

Mögliche Wirklichkeiten entwerfen und real handeln

Einer meiner Lehrer hat es einmal gesagt: Es gibt Menschen, die können wunderbare Gedichte schreiben, aber sie haben Mühe, darüber zu reden, welchen Regeln sie dabei folgen. Und es gibt Menschen, die wissen alles über die Regeln, nach welchen Gedichte erschaffen werden, aber ein gutes Gedicht schreiben sie selten. Christa Wolf beschreibt das Dilemma in ihrer Erzählung *Kindheitsmuster* so: „Man kann nicht leben, während man Leben beschreibt, und man kann nicht Leben beschreiben, während man lebt." Dieses Dilemma existiert natürlich in jeder Therapietheorie, aber in besonderer Weise in systemischen Theorien, die – im Gegensatz zu anderen, wie der Psychoanalyse – weitgehend von „oben nach unten" entwickelt worden sind. Ich meine damit, daß die explizite Anlehnung therapeutischer Theoriebildung an die allgemeine Systemtheorie in der Technik und den Naturwissenschaften verknüpft ist mit dem relativ hohen Abstraktionsgrad der meisten Begriffe, die wenig zu tun haben mit dem Leben selbst. In anderen Worten: Die Begriffe, welche traditionell in system- bzw. familientherapeutischen Therapietheorien verwendet werden, geben eher Auskunft über einen *allgemeinen Orientierungsrahmen*, als daß sie als Landkarten für die Beschreibung und das Verständnis menschlicher Konflikte dienen. Solange es klar ist, daß wir von einem geistigen Modell der Welt, nicht aber vom Territorium reden, in welchem wir uns bewegen, ist das in Ordnung. Schwierig wird es, wenn wir dieses geistige Modell mit Landkarten der Beschreibung und Erklärung von

Beobachtungen verwechseln, und noch schwieriger, wenn die Begriffe für das Modell der Welt, die Landkarten und das Territorium, in einen Topf geworfen werden. In diesem Kapitel wird es darum gehen, einerseits über das geistige Modell, also das Menschenbild, und andererseits über unsere systemischen Landkarten des Beschreibens und Verstehens zu berichten. Anhand kurzer Illustrationen aus der Arbeit mit Paaren und Familien möchte ich zumindest einen Eindruck vermitteln über das, was mir an therapeutischer Haltung und therapeutischem Handeln wichtig ist. Ich vertrete dabei keine „systemische Schule", sondern das, was mir in über 30 Jahren Praxiserfahrung sowie in der Auseinandersetzung mit Kolleg/innen und Studierenden wichtig geworden ist: meine eigenen, subjektiven Landkarten. Wäre ich ein Guru, würde ich sagen: meine eigene „Erfindung" eines therapeutischen Ansatzes (Keeney 1987). Da ich aber keiner bin, berichte ich über das, was ich gefunden habe und was ich dazu finde.

Zum Systembild des Menschen

Zur Verdeutlichung, auf welcher Abstraktionsstufe wir uns befinden, möchte ich kurz ein Metamodell therapeutischer Wissensstrukturen darstellen:
1. Erkenntnistheorie bzw. Menschenbild oder geistiges Modell der Welt (Ethik).
2. Beschreibende und erklärende Theorien (Landkarten) bzw. deskriptive und explikative Theorien (Phänomenologie und Phänomenerklärung).
3. Handlungstheorien (betr. Therapie und Prävention).
4. Therapeutische Vorgehensweisen (Praxeologie).

Mit Menschenbild oder geistigem Modell der Welt bezeichne ich etwas, das am ehesten als „gemeinsamer Nenner" systemischen Denkens und Handelns verstanden werden kann. Ich setze voraus, daß „Welten" nicht an und für sich erkennbar sind, sondern daß ihr Erkennen und Verstehen abhängig ist von sozial und historisch bedingten Austauschprozessen zwischen dem Gegenstand unserer Beobachtung und der Person des Beobachters oder der Beobachterin bzw. daß das beobachtende „Subjekt" mit dem beobachteten „Objekt" untrennbar verknüpft ist. Das bedeutet: Ein geistiges Modell der Welt handelt nicht von objektiven Gesetzen über die Natur des Menschen, sondern von der Frage, wie Menschen und menschliche Welten in unseren Köpfen abgebildet werden. Darum der Begriff „Menschenbild". Darum auch der damit verknüpfte Begriff Ethik: Die Frage nämlich, welches Bild wir konstruieren und durch welche Linsen wir schauen, ob wir Menschen in Analogie zu Maschinen oder zu biologischen oder sozialen „Organismen" betrachten, ist eine Frage der persönlichen Entscheidung und Verantwortlichkeit. Eine Entscheidung mit weitreichenden Folgen, wie zu erfahren sein wird.

Das Systembild des Menschen ist ein schöner Begriff, der aber vernebelt, daß darin zwei relativ widersprüchliche Traditionen enthalten sind, die ich kurz begründen will, weil die daran nicht erkannten Unterschiede einiges zur Kritik an der systemischen Therapie beigetragen haben (Körner u. Zygowski 1988). Mitte der 40er Jahre gab es erste Versuche, die Erkenntnisse der allgemeinen Systemtheorie, wie sie der Informatik, der Kybernetik und den Computerwissenschaften zugrundelagen, die während des Krieges im Militärbereich entwickelt worden waren, auf soziale Systeme zu übertragen. Die Wissenschaft von Kommunikation und Kontrolle, wie Norbert Wiener die Kybernetik nannte (Hoffman 1982), diente einer Gruppe von Pionieren der Familientherapie als theoretische Grundlage. Zu ihrer Beschreibung von Familien benützten sie das Modell der Computerlogik und von streng geschichteten, hierarchischen Organisationen, welche in einigen Modellen der Familientherapie mit dem Begriff der gesunden Familie verknüpft wurden. Ein Beispiel dafür (Miller 1987, S. 73, Übersetzung durch die Autorin): ... „Wie eine gute Sekretärin, die die einen Informationen schnellstens ihrem Chef überbringt und ihn mit anderen verschont ... oder ein Ingenieur die Zentrale einer Fernsehstation kontrolliert ... müssen Informationskanäle (z. B. in Familien!) vor Input-Overload geschützt werden ..."

Daß über solche Begriffe das Bild des Menschen als Maschine, die von „Verhaltensingenieuren" betrieben und kontrolliert wird, ganz selbstverständlich und fraglos in gewisse Schulen einfloß und nach wie vor in einigen Formen der systemischen Therapie und Beratung existiert, kann nicht übersehen werden. Die darin enthaltenen Vorstellungen über die sog. natürliche, hierarchisch gegliederte Rollen- und Arbeitsteilung zwischen Frauen und Männern und in Familien sind patriarchal und – wie im eben zitierten Beispiel – oftmals sexistisch. Sie lassen, da sie nicht an der bio-psychosozialen, sondern an der technischen Welt orientiert sind, auch keinen Raum für die längst überzeugend begründete Idee, daß Menschen sich ihre eigene Wirklichkeit erschaffen und daß außerdem ihre Lebenswelten (z. B. Beruf und Familie) in rapidem Wandel begriffen sind. Aber gerade in einer Zeit, in welcher Orientierung und Kontrolle für einzelne Menschen, auch für therapeutisch Tätige, zunehmend abhanden zu kommen scheinen, fasziniert dieses mechanistisch-konservative Menschenbild wieder. Der modische Begriff von der „richtigen Ordnung von Systemen" – z. B. Familien oder Organisationen – verweist auf dieses Menschenbild.

Fast gleichzeitig mit dem mechanistischen Systembild, ebenfalls in den 50er und 60er Jahren, wurde das „organismische" Bild des Menschen auf die Entwicklung psychotherapeutischer Modelle übertragen. Einer der Pioniere dieses Denkens war der Biologe Ludwig von Bertalanffy (1969), der sich explizit mit Psychologie, Psychiatrie und Psychopathologie auseinandergesetzt hat und ein völlig anderes Menschenbild als jenes der computerorientierten Systemtheorien vertrat. Von ihm erhielt ich entscheidende Impulse. Sein Menschenbild, das einem bereits früher bestehenden Strang der Biologie und Naturphilosophie folgte und die abgebrochene Tradition der Gestaltpsychologie wieder aufnahm, wie sie von Lewin, Köhler und anderen kognitiven Psychologen schon in den 20er Jahren vertreten worden war, fand anfänglich wenig Anerkennung im systemtherapeutischen Bereich. Ich denke, daß der Entwicklung der systemischen Therapie manch negativer Auswuchs in Richtung großartig proklamierter „Wende" und vor allem in Richtung „Machertum" erspart geblieben wäre mit diesem älteren Menschenbild, das in den letzten Jahren zum Glück wieder aufgegriffen worden ist. Vielleicht entsprach es mir persönlich deshalb von Anfang an, weil es gut zu meiner Alltagserfahrung als Therapeutin und als Frau paßt, die weit entfernt ist von der Erfahrung eines Ingenieurs oder Gurus, der von der obersten Stufe der Hierarchie aus das Geschehen kontrolliert.

Die damals wie heute für mich entscheidende Erkenntnis eines organismischen Bildes des Menschen ist, daß der Mensch darin nicht als passiver Empfänger von internalen oder externalen Reizen, d. h. von Trieben oder von äußeren Mächten, gesehen wird, sondern daß anerkannt wird, daß schon Säuglinge Einfluß nehmen auf ihr Umfeld. „Der Mensch als selbstaktivierte Persönlichkeit", der seine Welten nach innen und außen beeinflußt und von ihnen beeinflußt wird, steht im Gegensatz zum Abbild des Computers. Und überdies: der Mensch als Subjekt, als einmalige Persönlichkeit, nicht bloß als Element im Kräftespiel der Natur oder als Teil einer mechanischen Ganzheit. Der Mensch wird, auch verstanden als symbolisches Wesen, das, anders als andere Lebewesen, über Sprache verfügt. „Die Welt, wie wir sie erfahren, ist das Resultat unserer Wahrnehmung, nicht ihre Ursache", schreibt dazu von Bertalanffy (op. cit.). Damit hebt er das Spezifische menschlicher Erfahrung vom Bild des biologischen „Organismus" und von der Maschine ab. „Mit Ausnahme der unmittelbaren biologischen Bedürfnisbefriedigung lebt der Mensch nicht in einer Welt von Dingen, sondern von Symbolen." Geisteskrankheiten z. B. werden in dieser Sichtweise als spezifisch menschliche Phänomene gestörter Kommunikation zwischen den inneren (symbolischen) und äußeren „Welten" verstanden, wobei sich das Erkennen und Verstehen der Phänomene auf die *Beziehung* zwischen diesen Welten, also nicht auf den Organismus, die Psyche oder das Milieu allein ausrichtet. Das bedeutet, daß Sprache und Symbole nie losgelöst von einer bestimmten Lebenswelt existieren, sondern eigenständig Wirklichkeiten erzeugen und nicht bloß abbilden. Aber auch das Umgekehrte trifft zu: „Unseren Vorstellungen korrespondiert etwas in der Welt", meint dazu der Philosoph des 18. Jahrhunderts, Georg Christoph Lichtenberg (1976), in einem Aphorismus zur Kantschen Philosophie. Subjektive und objektive Wirklichkeiten sind untrennbar miteinander verknüpft, werden aber durch unsere Sprache, welche auf Trennung von Subjekt und Objekt angelegt ist, ständig in Stücke gerissen. Ich denke, daß es wichtig ist, dies zu erkennen, wenn wir, wie es modisch ist, oft und gern von Ganzheitlichkeit reden. Sobald wir miteinander reden, was ja ein wesentliches Element von Therapie ist, machen wir Interpunktionen und teilen die Welt in Subjekt und Objekt auf. Ich meine, daß wir westlichen Menschen ohne solche Interpunktionen schwindlig würden oder in Lethargie verfallen müßten ob der Komplexität des Lebens. Zu wissen, daß es keinen Vorrang der Subjektiven oder Objektiven gibt und dennoch tun zu müssen, als ob es so wäre, also denkend zu analysieren und fühlend zusammenzufügen, ist eine Schwierigkeit mit diesem Menschenbild und ist gleichzeitig seine Stärke (vgl. Ciompi 1998).

Entscheidend ist also die Erkenntnis, daß „Systeme" nicht an sich existierende Einheiten oder Objekte sind, sondern eine bestimmte Betrachtungsweise menschlicher Wirklichkeit bedeuten. Konkret heißt das, daß z. B. *Familien keine Systeme* im Sinne normierter Institutionen sind, sondern sprachliche Einheiten, welche je nach Problemstellung immer wieder neu definiert werden. Auch der Begriff des „Problem-Systems" anstelle der „Problem-Familie" bedeutet, daß nicht a priori festgelegt ist, wer am Problem beteiligt ist und wer zu dessen Lösung beigezogen wird, sondern daß diese Frage mit Überweisenden und Klienten verhandelt und gemeinsam entschieden wird.

Wenn Menschen oder Familien keine Systeme sind, was bedeutet dann der Systembegriff? Hätte ich einen anderen Begriff für diese Art des Denkens, ich würde ihn dem technischen Wort „System" gerne vorziehen. Aber da ich dieser Tradition – der kognitiv-organismischen, nicht der kybernetisch-technologischen – verbunden bin, werde ich ihn vorläufig beibehalten. Im Begriff der „systemischen" Therapie anstelle der Systemtherapie oder der Familientherapie ist immerhin eine Art von Verflüssigung enthalten, die mir wichtig ist. „Systembild des Lebens" heißt also in dieser Tradition: – Menschen werden weder als Opfer noch als Täter gesehen, sondern immer als beides: sie sind abhängig von biologischen, biographischen und sozialen Gegebenheiten und haben gleichzeitig das Bedürfnis und die Möglichkeit, sich „etwas aus den Dingen zu machen", also die Freiräume, welche ihnen ihre Geschichte gelassen hat, mit Bedeutung und Wahlmöglichkeiten zu füllen. – Menschen werden in diesem Sinn als „selbstaktivierte", neugierige Persönlichkeiten verstanden, welche ihre Welt gestalten wollen, und nicht bloß als passive Empfänger von Reizen. Allerdings bietet nicht jede „Welt" bzw. jede Situation dieselben Möglichkeiten der Sinnfindung und des Wandels. Darum ist es wichtig, Menschen und ihre Konflikte immer bezogen auf den Kontext, in dem sie leben, zu verstehen, und die darin enthaltenen Geschichten als Leitmotive in die therapeutischen Überlegungen einzubeziehen. „Kontext" ist identisch mit dem Begriff der Lebens- und Bedeutungswelt und den Geschichten dazu, denen in diesem Buch Raum gegeben wird. Das Denken in statischen Zuschreibungen persönlicher Merkmale (die in Therapien oft als Mängel beschrieben werden) wird abgelöst durch den Begriff der gemeinsamen Wirklichkeitskonstruktion bzw. des lösungs-orientierten Prozesses von zwischen Therapeutin, Therapeut und Klienten. Das Motto heißt: Willst du erkennen, lerne zu handeln und verhandeln ... – „Ganzheitlichkeit" des Verstehens und Beschreibens kann aber immer nur annähernd erzeugt werden. Sinnvollerweise werden darum neben den logisch-sprachlichen auch metaphorische und intuitive Mittel des Erkennens, Beschreibens und Veränderns (z. B. Fotoalben, Familienskulpturen, Symbole, Gestalten) verwendet. – Die Überzeugung, daß Klienten und Therapeuten gemeinsam beitragen zur Definition von Problemen und ihren möglichen Lösungen, läßt sich nicht ohne weiteres übertragen auf die üblichen Wissens- und Statushierarchien therapeutischer Institutionen. Aus diesem Grund muß das systemische Bild des Menschen immer auch den *Kontext der Institution*, in welcher Therapie angeboten wird, einbeziehen. Es gibt nach meiner Erfahrung Institutionen (z. B. von der Art, daß ein Supermarkt-Angebot von Therapiemethoden in streng hierarchischen Strukturen zur Verfügung steht), welche inkompatibel sind mit Systemdenken.

Systemische Therapie:
Landkarte des Beschreibens und Verstehens
kritischer Lebensereignisse und des Umgangs damit

Die Bedeutung kritischer Ereignisse
Ereignisse sind nicht an sich gut oder böse bzw. kritisch oder harmlos, sondern werden durch unsere Ideen darüber bzw. deren Versprachlichung dazu gemacht. Dabei werden

die vielfältigen möglichen Beschreibungen desselben Ereignisses je nach Referenzsystem unterschiedlich ausfallen. Mit Referenzsystem meine ich einerseits die verschiedenen Positionen, von denen aus Menschen Ereignisse beschreiben, und andererseits die unterschiedlichen Weltanschauungen, die zu diesen Positionen gehören. Patienten, ihre Bezugspersonen, ihre Therapeutinnen und Therapeuten sowie deren Auftraggeber sehen dasselbe Phänomen typischerweise in völlig unterschiedlichem Licht und klassifizieren es entsprechend ihrem Referenzsystem, z. B. von Alltags- oder wissenschaftlichen Theorien oder aufgrund ihres professionellen Auftrags. Die traditionellen therapeutischen Beschreibungen und Klassifizierungen gehen von einseitigen Ursache- und Wirkungs-Annahmen aus und werden als Eigenschaften (Max ist egoistisch, Martha ist depressiv) bezeichnet. Damit verfestigen sich solche Zuschreibungen zu „Wahrheiten", zu sich selbst erfüllenden Prophezeiungen. Martha ist dann so depressiv, weil Max so egoistisch ist, und Max so egoistisch, weil Martha so depressiv ist. Wer die beiden immer nur im selben statischen Kontext – z. B. einer Paartherapie – erlebt und außerdem davon ausgeht, daß ihr Fühlen und Verhalten unwillkürlich sei (weil von frühen Fixierungen geprägt), wird bald mit ihnen ins Loch der Unausweichlichkeit fallen und Hoffnung höchstens noch in jahrelanger „aufarbeitender" Therapie, in Medikation oder in einer Scheidung sehen. Hier nun stellt sich die Frage therapeutischer Ideologie und therapeutischer Ethik. Tragen wir durch unsere Ideen, die einseitig an Pathologie und deren Kontrolle orientiert sind, dazu bei, daß Ereignisse als Ergebnis von individuellen oder familialen Defiziten und daher als „unveränderbar" beschrieben werden? Nennen wir das Glas halb voll oder halb leer? Schreiben wir fest oder übernehmen wir die Verantwortung dafür, durch unsere Fragen und andere Interventionen das Verhalten und Erleben dieses Paares in wechselseitigen Bezug und in einen Sinnzusammenhang zu stellen? Einen Zusammenhang, der möglicherweise die bisher nur als dysfunktional oder pathologisch dargestellten Verhaltensweisen als nützliche Vorboten anstehender Veränderung erscheinen läßt?

Mit der obigen Frage ist das Verständnis von „Störungen" oder Symptomen angeschnitten. Symptome werden in der „Maschinen"-orientierten systemischen Therapie als Zeichen von Dysfunktionalität eines ganzen Beziehungssystems beschrieben, als Spitze eines Eisberges, den es zu ergründen und aufzubrechen gilt. Damit bleibt die systemische Therapie genau in der reduktionistischen Tradition einer längst überholten Psychoanalyse, die sie seinerzeit bekämpft hat. Der Begriff des „identifizierten Patienten" oder „Symptomträgers" gehört zu diesem Bild. Beim in der Therapie üblichen zeitlichen Schnitt durch eine problematische Situation paßt eine solche Beschreibung sogar. Tatsächlich hat sich in den meisten Fällen eine Familie oder ein Paar bzw. eine Arbeitsgruppe bereits fest um eine bestimmte Verhaltensabweichung oder ein auffälliges oder krankes Mitglied organisiert, wenn der Berater/die Beraterin dazu kommt. Aus dieser Beobachtung aber zu folgern, die Familie oder Gruppe hätte diese Problematik „nötig", um sich damit zu stabilisieren, macht mindestens therapeutisch Schwierigkeiten, weil damit die Frage nach Ursachen und Schuldigen, die oft bereits zum Verhängnis beigetragen hat, noch mehr Gewicht bekommt. Sinnvoller scheint mir die durch die Arbeiten von Prigogine et al. (zit. n. Welter-Enderlin 1989) inspirierte Sichtweise, wonach „Fluktuationen", also von bisherigen Normen abweichende Verhaltensweisen, zur Entwicklung von Menschen und Beziehungen gehören und daß diese bloß unter bestimmten Umständen, quasi nach dem Zufallsprinzip, als negativ oder dysfunktional bewertet werden. Aus unserem Alltag wissen wir alle, daß z. B. ein Säugling, der wenig Schlaf braucht oder nachts oft weint, in der einen Phase einer Familie zwar als mühsam, aber keineswegs „pathologisch" eingestuft wird, während dieselben Eltern in einer anderen Situation (wenn ein nächstes Kind während einer kritischen Familienphase jede Nacht schreit), ähnliches Verhalten völlig unakzeptabel oder gar krankhaft finden. Kehren wir zurück zum Beispiel von Martha und Max und zur Frage, wie in ihrem Fall die statischen Zuschreibungen Egoismus und Depression „verflüssigt" werden könnten im Rahmen einer Therapie. Neue Beziehungs- und Sinnzusammenhänge können einerseits durch therapeutische Fragen hergestellt oder hervorgelockt werden, welche sich prospektiv auf „was wäre wenn" (Martha sich durchsetzen bzw. Max seine Antennen ausfahren statt auf sich bezogen halten würde) beziehen. Handlungsfreiräume werden aber auch durch retrospektiv gerichtete Fragen nach Ausnahmen zum präsentierten Muster und natürlich nach den in den Biographien angelegten Leitmotiven für den Umgang mit kritischen Situationen eröffnet. Andererseits können anhand der direkten Beobachtung von Interaktionssequenzen in der Sitzung oder durch das Paar selber im Alltag auch kleine, aber bedeutende positive Abweichungen zu den bisherigen negativen Zuschreibungen probiert werden. Niemand ist 24 Stunden lang gleich egoistisch oder gleich depressiv! Der Egoismus von Max könnte dann als eine Möglichkeit verstanden und (sogar) verschrieben werden, ab und zu Kraft zu schöpfen zur Unterstützung von Marthas Übergangskrise. Marthas depressive Episoden könnten als Vorboten dafür verstanden und täglich zu bestimmten Zeiten „erlaubt" oder verschrieben werden, daß sie ihr Leben neu überdenken und neue Szenarien der Autonomie entwickeln will. Natürlich können solche Referenztransformationen, wie wir sie nennen, nicht beliebig dem Kopf der Therapeutin oder des Therapeuten entspringen. Sie „greifen" nur, wenn sie übereinstimmen mit der Lebens- und Bedeutungswelt, also den Leitmotiven der Betroffenen. Fragen, in welcher Weise die Wahrnehmung, das Fühlen und die Verhaltensmuster von Martha und Max geprägt sind von ihrer jetzigen Lebens- und Beziehungsphase, ihrem Gesundheitszustand sowie von individuellen Biographien und ihren Rollen als Frau, Mann und als Angehörige einer bestimmten sozialen Schicht und Ethnie und welche Lebensprobleme zu dieser Zeit von wem zu lösen sind, sind hier zentral. Einerseits können sie durch das sorgfältige Hören auf die Nuancen des Erzählens, welches therapeutische Neugier und sprachliche Sensibilität voraussetzt, beantwortet werden. Anderseits braucht es dafür präzise und passende Fragen (retrospektiver und prospektiver Art), welche Information über die Welten der Klienten ergeben und als Grundlage für die therapeutischen Hypothesen dienen (Hildenbrand 1990). Aber nicht nur über die gesprochene Sprache, sondern ebenso sehr über die sorgfältige Beobachtung nicht-verbaler Interaktionsmuster und die affektive Rahmung des Prozesses werden intuitive, erfahrungsgeleitete Hypothesen erzeugt. Referenztransformationen, d. h. um neue Wahlmöglichkeiten erweiterte Definitionen der bisherigen Probleme, greifen nur, wenn sie zu den Geschichten passen, welche die Familien über sich und die Ereignisse erzählen. Quasi magisch anmutende Lösungsideen oder flotte positive Umdeutungen einer als problematisch beschriebenen Situation bewirken nicht selten das Gegenteil, wenn sie beliebig oder standardisiert sind. Ereignisse werden also nicht im luftleeren Raum, sondern innerhalb eines bestimmten Kontextes eingeschätzt und sprachlich neu definiert.

Coping und Coping-Setting in systemischer Sicht
Die Lebens- und Bedeutungswelten von Menschen sind identisch mit dem Begriff „Kontext", den ich bereits öfters erwähnt habe. Kemm und Welter (1987) bezeichnen diesen als Coping-Setting und meinen damit die Welt, in welcher kritische Ereignisse erlebt und beantwortet werden. Es geht dabei immer auch um die Frage der erfahrenen Grenzen oder Stressoren. Bezüglich der *Lebenswelt* scheint es

außerdem sinnvoll, die Ressourcen und Stressoren von Menschen unter den Aspekten *Zeit* und *Raum* zu orten. Was den Zeitaspekt betrifft, habe ich schon erwähnt, daß nicht jede Phase im Leben eines Individuums, eines Paares oder einer Familie dieselben Bedingungen von Verletzbarkeit oder Immunität mit sich bringt, es also keinen Sinn macht, von festen, unveränderbaren Personen- oder Systemmerkmalen zu reden. Natürlich haben wir alle unsere bewährten oder bevorzugten Verhaltensweisen, mit denen wir auf Streß reagieren – mit Kampf oder Flucht beispielsweise –, aber sie gehören nicht zu uns z. B. wie unsere Augenfarbe. Mit dem Aspekt des Raumes meine ich die strukturellen oder politischen Bedingungen, also z. B. die Machtverhältnisse, unter denen Menschen leben, sowie die Handlungs- und Verhandlungsfreiräume, die ihnen offen stehen. Mit der Perspektive der biologischen, emotionalen, kognitiven, sozialen *Ressourcen* und *Stressoren* sind alle für das Verstehen einer kritischen Situation relevanten Informationen zu einer bestimmten Zeit in einem bestimmten Raum gemeint. Sie können erschlossen werden durch gezielte Fragen, wie sie in anamnestischen Leitfäden vorgesehen sind, aber weit differenzierter durch offenes Erzählen und sorgfältiges Hinhören auf die sprachlichen Ausdrücke und die Bilder, welche beim Erzählen von Geschichten vermittelt werden.

Der Begriff der *Bedeutungswelt* bezieht sich auf die Art und Weise, wie Menschen Sinn machen aus dem, was vorgegeben ist (ihre ethnische Zugehörigkeit beispielsweise) oder aus dem, was ihr Leben beeinträchtigt (ein unruhiger Säugling kommt zur Welt) oder was ihnen zustößt (Martha zieht sich ins Bett zurück und weint stundenlang, Max geht öfters allein aus). Wir alle haben unsere persönlichen Theorien für die Interpretation der Dinge, die uns zustoßen, unsere geistigen „Landkarten" oder Konstrukte. Sie leiten unser Handeln im Sinne sich selbst erfüllender Prophezeiungen und führen entweder zur Lösung von Problemen oder aber zu ihrer Verfestigung. Auch geistige „Landkarten" sind nicht angeboren wie die Augenfarbe, sie sind erworben und passen meist lange Zeit zur Landschaft, in der wir uns als Frauen oder Männer, Mädchen oder Jungen bewegen. Wenn Krisen jedoch als Vorboten notwendiger Entwicklung verstanden werden, stehen meist auch Veränderungen in unseren Landkarten an, also neue Orientierungsmöglichkeiten für veränderte Lebenswelten oder neue Beziehungsszenarien. Zur Entwicklung neuer Landkarten ist es sinnvoll, zuerst die bisherigen kennenzulernen – mittels Fragen nach individuellen und familiären Geschichten und den darin enthaltenen Leitmotiven – und mit den Klientinnen und Klienten zu prüfen, was daran erneuert werden muß und was an den bisherigen Landkarten auch für die neue Landschaft paßt.

Ein Beispiel: In einer Familie mit Mutter, Vater, einem 21jährigen Sohn (Walter) und einer 18jährigen Tochter (Susann) erleidet der Sohn bei einem Autounfall ein Schädel-Hirntrauma. Er kommt nach langem Klinikaufenthalt und einem halben Jahr im Rehabilitationszentrum im Rollstuhl wieder in die Familie zurück. Im Familiengespräch, das ich mit einer Supervisionsgruppe begleite, wird von Mutter, Vater und Schwester anhand alltäglicher Beispiele erzählt, wie unendlich schwer es ihnen fällt, das rechte Maß an Hilfe, Trost und Herausforderung gegenüber dem Patienten zu finden. Walter provoziert durch übermäßiges Rauchen, Trinken und Fluchen die Zuwendung der Familie in Form von stundenlangen Gesprächen und „gutem Zureden". Sein Anliegen ist, so sagt er, bedeutend mehr Freiräume zu bekommen. Aber da er auf praktische Hilfen angewiesen ist, weiß niemand recht, wie das zu machen wäre. Durch die Fragen der Therapeutin wird klar, daß schon vor dem Unfall die familiale Landkarte in bezug auf Walter hieß: „Er nimmt sich soviel Raum, daß niemand sonst mehr Platz hat in der Familie." Diese Landkarte paßt offensichtlich nicht mehr zur neuen Situation. Aber auch ihre bereits erfolgte Umkehr: „Nun bestimmen wir anderen, wieviel Freiräume Walter bekommt", behindert die notwendigen Schritte in Richtung relativer Autonomie des Patienten.

Mit der therapeutischen Ausweitung der Problemdefinition entsteht eine Alternative zum entweder/oder durch den Satz: „Trotz der Einschränkungen durch die Folgen des Unfalls stehen noch Freiräume für Walter und für seine Angehörigen zur Verhandlung offen und kann der durch den Unfall unterbrochene Ablösungsprozeß auf neue Art wieder aufgenommen werden". Damit eröffnen sich Perspektiven, welche alte und neue Aspekte von Familien-Landkarten zusammenbringen.

Coping- bzw. Bewältigungsmuster

Auseinandersetzungs- und Bewältigungsmuster (Copingprozesse) beziehen sich auf die Idee, daß jede Reaktion auf ein als kritisch erfahrenes oder bezeichnetes Ereignis ein Versuch ist, damit so umzugehen, wie es sich bisher in ähnlichen Situationen bewährt hat und wie es zur Lebens- und Bedeutungswelt paßte. Bewältigungsmuster sind an sich weder gut noch schlecht. Sie können hinsichtlich ihrer Güte nur beurteilt werden, wenn man nach ihrer Wirksamkeit fragt, also ob sie streßerhöhend oder streßreduzierend wirken. *Konkrete* Verhaltensweisen, die in der einen Situation durchaus erleichternd wirken, wie z. B. stundenlanges Reden, können in anderen Situationen die Probleme chronifizieren. Unter *Coping* verstehe ich einerseits die aktive Auseinandersetzung mit kritischen Ereignissen durch Handeln, Kämpfen, Informationen einholen, neue Spielregeln aushandeln und Freiräume geben und nehmen, andererseits aber auch den emotional akzeptierenden Umgang mit jenen Aspekten, die nicht verändert werden können. Dazu gehören die Fragen nach dem Sinn von Ereignissen, also die *symbolische* Art der Bewältigung. Sowohl konkrete als auch symbolische Bewältigungsweisen sind notwendig und nützlich, werden aber von verschiedenen Menschen unterschiedlich eingesetzt und bewertet. Therapeutisch wichtig scheint mir, daß wir als Außenstehende nie absolut wissen können, ob ein Copingprozeß funktional oder dysfunktional ist, sondern höchstens beobachten, in welcher Art Streß erhöht oder reduziert wird. Um auf das Beispiel des hirngeschädigten jungen Mannes und seiner Familie zurückzukommen: Im Erstgespräch erzählt Walter, daß er – da seine linke Hirnhälfte unversehrt geblieben ist – unbedingt versuchen wolle, gelegentlich sein Medizinstudium wieder aufzunehmen. Die Reaktion bei seinen Angehörigen: Kopfschütteln und Hinweise auf seinen jämmerlichen Zustand und vor allem auf die negativen Prognosen der Experten. Hinter der Einwegscheibe fallen Begriffe wie „Abwehr" und „Verleugnung der Behinderung"; Ärger und Hilflosigkeit vermischen sich bei den Beobachterinnen und Beobachtern. Mit der Idee, daß Menschen sowohl symbolische als konkrete Bewältigungsmöglichkeiten haben sowie mit einem Menschenbild im Kopf, das an Ressourcen orientiert ist, erzählt die Therapeutin nach der Supervisions-Pause die von Walter und seiner Familie begonnenen divergierenden Geschichten so weiter, daß ein neues Kapitel entsteht, welches nicht eine richtige Lösung, sondern den Blick auf mögliche Wirklichkeiten eröffnet. Die Therapeutin sagt: „Wir alle brauchen, wenn wir im dunkeln Tunnel einer Übergangskrise stecken, Visionen darüber, wie die Landschaft am anderen Ende aussehen könnte. Ohne Träume bleibt die Zeit an Ort. Aber ohne Schritte in Richtung Tunnelausgang bleiben Menschen an Ort ... Vermutlich braucht es jetzt beides, Visionen und ganz konkrete alltägliche Schritte, die Walter unternimmt und die von der Familie auf eine Art unterstützt werden, welche wohl nur mittels Versuch und Irrtum gefunden werden kann."

Therapeutisches Handeln, therapeutische Haltung

Vielleicht ist durch die Art meiner Darstellung und meiner Beispiele eine Idee davon entstanden, was therapeutische Haltung und therapeutisches Handeln in der systemischen

Sichtweise bedeuten. Ich möchte hier lediglich ein paar mir persönlich wichtige Anliegen zusammenfassen. – Systemisches Handeln ist geleitet von einer Haltung des Kultivierens, zu der sowohl das warme Tuch des Verstehens und der Respekt für die unterschiedlichen Geschichten gehört, die Menschen mir erzählen, als auch der Mut, Dinge so zu benennen, daß alte, eingefrorene Zuschreibungen verflüssigt werden und neue Perspektiven entstehen können. Dies kann durch offenes Zuhören, durch Fragen nach Unterschieden („was wäre das Beste, was das Schlimmste", „worin bestehen die Ausnahmen zum problematischen Verhalten") und auch durch direkte Vorschläge zu Experimenten im Alltag geschehen, die zum Ziel haben, neue Erfahrungen zu ermöglichen. Die Einbeziehung jener Menschen in den therapeutischen Prozeß, welche die Probleme mitdefinieren und auch an ihrer Lösung interessiert sind, ermöglicht Konsensfindung und neue Erfahrungen im Alltag. Klientinnen und Klienten werden dadurch unabhängiger von Experten und von Institutionen. – Ich gehe davon aus, daß ich zwar in meinem eigenen Leben verantwortlich bin und zu entscheiden habe, was ich als gut oder böse beurteile, daß ich diese Verantwortung aber nicht übernehmen kann für meine Klientinnen und Klienten. Wichtig ist mir jedoch, ihnen durch das Aufzeigen von Handlungsfreiräumen im Sinne von besserer Durchschaubarkeit ihrer Situation Mut zu machen und sie zur eigenen Verantwortung bei der Entscheidung, welchen Weg sie gehen wollen, herauszufordern. Trotz dieses emanzipatorischen Anliegens komme ich nicht darum herum, meine eigenen Werte zu reflektieren und dort auszusprechen, wo sie im Widerspruch stehen zu denen meiner Klienten. Besonders wichtig ist mir das bei Gewalt und Machtmißbrauch in Beziehungen. – Die bestehenden Klassifikations-Schemata aus Psychiatrie, Medizin, Psychologie und Soziologie dienen mir als Landkarten zur Einordnung meiner Wahrnehmung in bestehende Wissensstrukturen und zur interdisziplinären Verständigung. Sie bieten mir als „Vogelperspektive" die Möglichkeit, mich mit der Nase am Boden ins Dickicht einer mir noch unbekannten Familie zu schleichen und mich aus der „Froschperspektive" in das jeweils einmalige Geschehen einzulassen. Dank der theoretischen Vogelperspektive gewinne ich auch immer wieder Distanz und Überblick. Dieser Wechsel zwischen Handeln und Erkennen, zwischen Fühlen und Denken, also „handelnd zu erkennen und fühlend zu denken", macht systemisches Arbeiten anregend sowohl für mich als auch – fast immer –meine Klienten. Wichtig scheint mir, daß mir die Unterscheidung zwischen den erwähnten Abstraktionsebenen von Landschaft und Landkarte, Vogel- und Froschperspektive immer wieder neu gelingt. – Mit einem Verständnis der Welt, das nicht in erster Linie dem Ringen nach Wahrheit gilt, sondern auf der Erkenntnis beruht, daß menschliche Wirklichkeit durch eine Fülle von Perspektiven auf unbekanntes Land sowie durch unsere Handlungen (auch Sprechhandlungen) erzeugt wird, geht die Erleichterung einher, daß ich weder die wirklich wahre Diagnose noch die wirklich treffende Intervention finden muß. Aus dem Indikativ des Lebens (so ist es) kann ich mit meinen Klientinnen und Klienten zusammen den Konjunktiv entwickeln (so könnte es sein). Teilnehmende Neugier und gemeinsames Entdecken und Erfinden von Möglichkeiten erzeugen dabei nach meiner Erfahrung wesentlich mehr kreative Energie als eine traditionelle Expertenhaltung.

„Die Aufgabe des Poeten besteht nicht darin, Dinge zu beschreiben, die sich ereignet haben, sondern Dinge, die sich ereignen könnten, also was möglich oder wahrscheinlich ist. Vielleicht hassen Tyrannen deswegen die Poeten und Schriftsteller so sehr, und übrigens auch die Historiker ..." (Aristoteles). Und übrigens auch die Therapeutinnen und Therapeuten?

Literatur

Bertalanffy, L. v. (1969): General System Theory, George Braziller, New York; Brunner, J. (1986): Actual Minds, Possible Worlds, Harvard Univ. Press, Cambridge; Coimpi, L. (1998): Die affektiven Grundlagen des Denkens – Kommunikation und Psychotherapie aus der Sicht der fraktalen Affektlogik. In: Gefühle und Systeme, Welter-Enderlin, R. und B. Hildenbrand, Auer Verlag, Heidelberg; Folkman, S., Lazarus, R. (1984): Stress, Appraisal and Coping, Springer, New York; Hildenbrand, B. (1990): Mikro-Analyse von Sprache als Mittel des Hypothetisierens, Familiendynamik 14:3; Hoffman, L. (1982): Grundlagen der Familientherapie, ISKO, Hamburg; Keeney, B. (1987): Konstruieren therapeutischer Wirklichkeiten, Bd. 2, in: Systemische Studien (Hrsg.), modernes lernen, Dortmund; Kemm, R., Welter, R. (1987): Coping mit kritischen Ereignissen im Leben Körperbehinderter, Edition Schindele, Heidelberg; Körner, W., Zygowski, H. (1988): Im System gefangen, Psychologie heute 15/4:18–45; Lichtenberg, G. C. (Neuauflage 1976): Sudelbücher, Inseltaschenbuch, Bd. 165. Insel, Frankfurt a. M.; Maturana, H. R., Varela, F. J. (1987): Der Baum der Erkenntnis, Scherz, Bern; Miller, J. G. (1978): Living Systems, McGraw-Hill, New York; Wiener, N. (1948): Cybernetics, Wiley, New York; Welter-Enderlin, R. (1988): Die Geister, die wir riefen ..., in: Reiter, L., Brunner, E. J., Reiter-Theil, S. (Hrsg.), Von der Familientherapie zur systemischen Perspektive, Springer, Berlin/Heidelberg/New York/Tokyo, S. 175; Von Schlippe, A., Schweitzer, J. (1996): Lehrbuch der systemischen Therapie und Beratung, Vandenhoeck & Ruprecht, Göttingen; Welter-Enderlin, R. (1989, neu: 1998): Krankheitsverständnis und Alltagsbewältigung in Familien mit chronischer Polyarthritis, Psychologie Verlags Union, München; Welter-Enderlin, R., Hildenbrand, B. (1996): Systemische Therapie als Begegnung, Klett-Cotta; Wolf, Ch. (1979): Kindheitsmuster, Luchterhand, Frankfurt a. M.

■ **KAPITEL 5**

Geschichten von chronisch Kranken und ihren Familien

Kontexte von Familien und Medizin

Am liebsten würde ich in diesem Kapitel die Betroffenen selber zu Worte kommen lassen und sie über ihr Krankheitsverständnis und ihre Alltagsbewältigung zusammen mit ihren Bezugspersonen und mit medizinischen Fachleuten erzählen lassen. Denn die Erfahrung, wie gern Patientinnen und ihre Angehörigen bereit sind, die Barriere gegenüber Unbeeinträchtigten – Experten oder Interviewern zum Beispiel – zu überwinden und sie teilhaben zu lassen an ihren Erfahrungen und Gefühlen, ist für mich immer wieder ein Erlebnis. Ich habe mich in den 80er Jahren an einer interdisziplinären Untersuchung zur Frage beteiligt, wie Patientinnen und Patienten sowie ihre Angehörigen mit einer chronischen Krankheit – chronische Polyarthritis, abgekürzt cP – umgehen. Dieses Kapitel bezieht sich auf die Ergebnisse dieser Untersuchung, die ich anderswo ausführlich veröffentlicht habe (Welter-Enderlin, 1989). Ich hoffe, daß es mir gelingt, Neugier an der „Innenansicht" der befragten Patientinnen und Patienten sowie ihrer Angehörigen zu wecken und Anregungen zu vermitteln, wie Professionelle aus dem medizinischen und dem psychosozialen Bereich durch sorgfältiges Fragen nach Patienten- und Familiengeschichten diese unterstützen können, eine bessere Lebensqualität zu gewinnen und Zukunft zu gestalten – auch wenn keine körperliche Heilung möglich ist.

Die systemische Perspektive chronischer Krankheit
Mit dem „Systembild des Lebens" als Modell für das Verstehen und die Unterstützung von chronisch kranken

Menschen im Kontext ihrer Alltagsbeziehungen und Alltagswelt knüpfe ich an die vorherigen Kapitel an. Der Begriff der „ganzheitlichen" Medizin und Psychotherapie ist längst Allgemeingut geworden. Bloß verstehen unterschiedliche Menschen, z. B. Experten und Patienten, den Begriff oft unterschiedlich, vor allem, wenn es an seine Umsetzung auf den Maßstab 1 : 1 im Alltag von Medizin, Familie und Gesellschaft geht. Ich möchte darum kurz skizzieren, was ich mit einer systemischen Perspektive als Erweiterung des individuellen Umgangs mit einer Krankheit meine. Die Übertragung von Erkenntnissen aus den systemischen Theorien resultierte im psychotherapeutischen Bereich in einem erweiterten Verständnis von menschlichen Störungen bzw. Erkrankungen. Einerseits wird der Fokus auf die heilende Wirkung von Gestaltungsmöglichkeiten und Einflußnahme des Individuums gelegt, andererseits rückt der systemische Blick die Vernetzung des betroffenen Patienten mit seinem psychosozialen Kontext, also z. B. Familien oder Institutionen, in den Vordergrund. Die Frage nach individuellem Umgang mit Krankheit wird also erweitert um den Begriff des systemischen Bewältigungs- oder *Coping-Potentials*, das abhängig ist von den privaten Theorien bzw. dem Krankheitsverständnis der Betroffenen. Zum Systembild des Lebens gehört maßgeblich die Frage, in welcher Art Patientinnen und Patienten sowie Angehörige mit einem Expertensystem zusammen eine gemeinsame oder aber divergierende Sicht von Wirklichkeit erzeugen – also wie sie ihre Erfahrungen mit Bedeutung versehen. Es handelt sich dabei um eine subjektive Sichtweise, die weder wertfrei noch rein rational ist – auch wissenschaftliche Erkenntnis hat ihre subjektiven Seiten –, sondern abhängig von Prozessen des „Ineinandergreifens" privater und theoretischer Konstrukte von Betroffenen und Expertinnen oder Experten. Die Frage, ob und wie dabei jeweils ein gemeinsamer Nenner der Problemdefinition und der angestrebten Lösungen unter den

Systemmitgliedern gefunden werden kann – die Frage nach dem Konsens also –, wird zum zentralen Anliegen von Therapie und Beratung. Der „synoptische Blick" auf unterschiedliche Ebenen des Erkennens und Verstehens ist gerade im Umgang mit jenen Krankheiten und Störungen von Bedeutung, deren Ursachen bloß annähernd und höchstens multifaktoriell beschrieben werden können, wie das z. B. für Polyarthritis zutrifft.

In den letzten Jahren hat sich im Feld des systemischen Erkennens und Handelns Wesentliches verändert. Stierlin und Grossarth-Maticek (1998) beschreiben, wie Körper, Seele und soziale Umwelt – systemisch gesehen – zusammenwirken. Sie verweisen (op. cit. S. 30) auf die langjährige Einschränkung der Psychosomatik in Deutschland auf eine als psychosomatisch etikettierte, begrenzte Patientengruppe. Krebspatienten oder auch Polyarthritispatienten gehörten nicht dazu. „Die sich von der übrigen Klinik abschottenden Psychosomatiker ließen sich darüber hinaus oft von Theorien, darunter vor allem der psychoanalytischen Theorie, leiten, für die es im Denken und Sprachgebrauch anderer Kliniker kaum Anschlußmöglichkeiten gab. Das scheint indessen Historie zu sein". Damit ist im besten Fall auch die frühere Betonung von „Widerstand" der Patienten gegen die Auseinandersetzung mit der Bedeutung ihrer Krankheit bzw. die einseitige Suche nach Ursachen im psychischen Bereich überholt – die Psyche quasi als Ersatz für fehlende spezifische medizinische Erklärungen –, mit welcher immer die Frage eigener oder fremder Schuld verbunden war.

Wie Menschen mit den *Folgen* kritischer Lebensereignisse umgehen, d. h. was sie sich konkret und symbolisch daraus machen, stand im Brennpunkt unserer Untersuchung von cP-Patientinnen und Patienten im Kontext von Familie und Medizin. Damit wurde eine Brücke möglich zwischen vorbestehenden Streß- und Copingmodellen (z. B. Lazarus u. Folkman 1984) und systemischen Theorien. Ich will zuerst einen Blick auf die unterschiedlichen „Menschenbilder" werfen, welche nach wie vor den gängigen Denk- und Handlungsmodellen in medizinischen und psychosozialen Professionen zugrunde liegen.

Vergleich zwischen ressourcen- und defizitorientierten Menschenbildern

Mit Menschenbild oder geistigem Modell der Welt meine ich eine Art Vogelperspektive, von welcher, aus relativ hoher Abstraktionsebene, Menschen betrachtet und daraus Theorien des Erkennens und Handelns entwickelt werden. Ein Menschenbild bezieht sich also nicht auf objektive Gesetze über die Natur des Menschen oder einer Krankheit, sondern auf die Frage, wie Menschen im Kontext ihrer inneren und äußeren Welten von Beobachtern abgebildet werden. Darum der Begriff „Menschenbild". Darum auch der damit verbundene Begriff Ethik: Die Frage nämlich, welche Perspektiven wir für unsere Theorien wählen und durch welche Linsen wir Menschen in ihrer Situation betrachten, ist eine Frage der persönlichen Entscheidung und Verantwortlichkeit. Eine Entscheidung mit Folgen, wie Abb. 1 über ein defizitorientiertes Menschenbild (A) und ein ressourcenorientiertes Menschenbild (B) zeigt.

Menschenbilder können auf ihre positiven oder negativen, handlungserweiternden oder einengenden Folgen untersucht werden. Im folgenden Schema (Abb. 1) von Rudolf Welter (aus Kemm & Welter, 1987) werden diese Bilder und ihre Wirkungen dargestellt:

Theorie vom *negativen* Menschenbild (A)

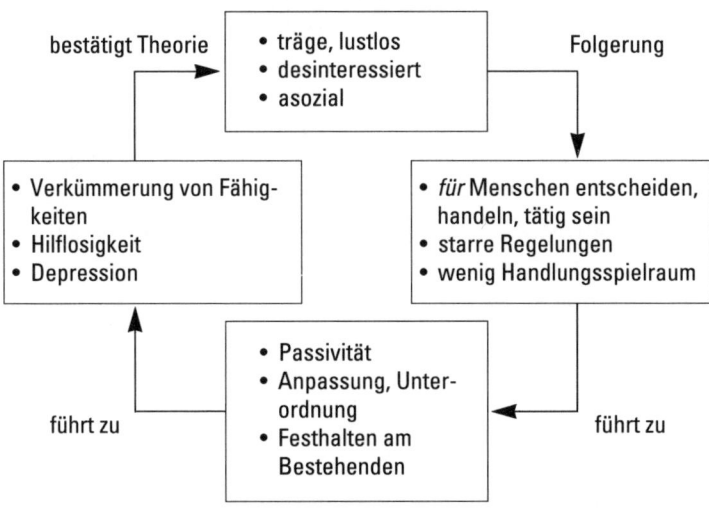

Theorie vom *positiven* Menschenbild (B)

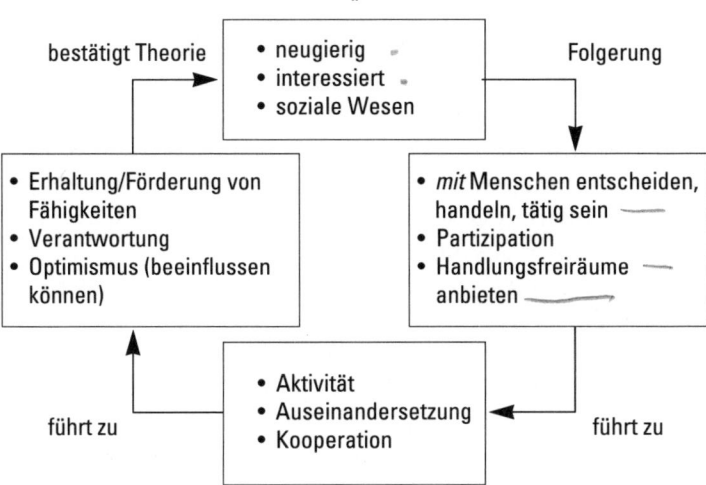

Kommentar

Das defizitorientierte Menschenbild (A).
Es entspricht dem „Maschinenmodell" des Menschen, also einer Spaltung zwischen Objekt und Subjekt, zwischen dem analysierenden Beobachter und der Beobachtungseinheit. Individuen werden hier als passive Elemente im Kräftespiel innerer und äußerer Ereignisse, als Opfer ihrer Natur oder ihres Milieus, gesehen. Daß diese Sicht Folgen hat für Medizin und Beratung, ergibt sich von selbst: Konzepte der Beeinflussung von außen, der Kontrolle und des Kämpfens, stehen hier im Vordergrund. Jedwelche menschliche Beeinträchtigung mit medizinischen und psychotherapeutischen Mitteln in den Griff zu bekommen, ist das mehr oder weniger explizite Ziel von Expert/innen, die mit diesem Bild an ihre Patienten oder Klienten herantreten. Damit jedoch nicht Sündenböcke erschaffen werden: Es sind nicht einfach die Allmachtsphantasien der Helfer, sondern mindestens so sehr die Anliegen bestimmter Patienten oder ihrer Bezugspersonen, welche dieses Menschenbild unterstützen.

Das ressourcenorientierte Menschenbild (B).
Es entspricht der Vorstellung, daß Menschen nicht bloß passive Empfänger von internalen und externalen Reizen sind, sondern „selbst aktivierte" Persönlichkeiten, welche ihre Innen- und Außenwelten beeinflussen und kreativ gestalten wollen. Menschen werden also nicht als Abbilder von Maschinen gesehen, die gesteuert, kontrolliert und repariert werden müssen. Menschen werden aber auch nicht als Helden verstanden, die einsam den Weg der Individuation ziehen, indem sie ihre Welt besiegen. Im Gegenteil: Der Mensch wird hier als *Teil einer Welt* (Individuum plus Umwelt) vorgestellt, in welcher kein Element Vorrang vor dem andern hat, weil alle voneinander abhängig und miteinander vernetzt sind. Menschen werden – im Gegensatz

zu anderen lebenden Organismen – als *symbolische Lebewesen* gesehen, die über Sprache verfügen und mit dieser Sprache Wirklichkeiten erzeugen. Das heißt: Es gibt nicht „die Krankheit" oder „die Störung" an sich, sondern die Art, wie Phänomene wahrgenommen und innerhalb von menschlichen Beziehungen beschrieben werden, ist entscheidend. Je nachdem, wie diese Beschreibungen lauten, entstehen daraus Möglichkeiten zur Wahrnehmung von Handlungsfreiräumen und Selbstbestimmung, oder aber Abhängigkeit und Fremdbestimmung werden zementiert. Wie Menschenbilder und die damit verbundenen positiven oder negativen Prophezeiungen nicht nur im System Patient – Experten, sondern mindestens so sehr im System Patient – Familie den Prozeß der Alltagsbewältigung beeinflussen, zeigt die nächste Abbildung zum Copingverständnis (Abb. 2) in der erwähnten Untersuchung.

Abbildung 2
Das ABC-X Modell von Streß und Coping (nach R. Welter-Enderlin, 1989)

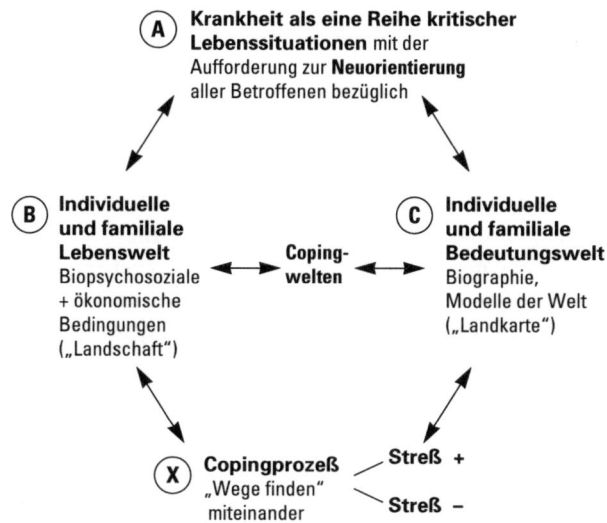

Dem vorgestellten Modell, welches in der Streßforschung von Familien durch den amerikanischen Soziologen Reuben Hill in Minnesota schon in den 40er Jahren entwickelt wurde, habe ich als Auswertungsgrundlage für die Daten der erwähnten Untersuchung zu chronischer Polyarthritis (cP) die Perspektive der *Bedeutungswelten* bzw. Familienparadigmata als wesentlichen Aspekt des Copingprozesses zugefügt. Dazu eine kurze Erläuterung der einzelnen Perspektiven des ABC-X-Modells:

Kritische Ereignisse als Aufforderung zur Neuorientierung (A)

Kritische Lebensereignisse werden hier nicht als Quittung für „falsch gelebtes Leben", sondern als Vorboten nötigen Wandels verstanden. Es ist nicht der Ausbruch der cP oder der Schub an sich, welcher erträglich oder unerträglich ist, sondern die Art und Weise, wie dieses Ereignis eingeschätzt und wie darüber erzählt wird. Damit will ich nicht etwa behaupten, Krankheit und die damit verbundenen Erfahrungen von z. T. schlimmen Schmerzen und Behinderungen seien „Erfindungen" der Patienten. Das ist eine Gefahr der sog. radikal konstruktivistischen Philosophie, wie sie neuere Tendenzen der systemischen Familientherapie prägt. Wie ich es sehe, sind Menschen nicht frei, „irgendeinen" Sinn zu finden in dem, was ihnen geschieht, weil sie eingebunden sind in ihre einmalige Geschichte und ihre Geschichten. Diese ergeben den Rahmen dafür, wie sie sich mit dem, „was die Krankheit aus ihnen macht", auseinandersetzen können. Das heißt, wenn wir verstehen wollen, warum Betroffene so und nicht anders auf das kritische Ereignis einer (chronischen) Krankheit reagieren, müssen wir ihre Geschichten und die Biographie, in die sie verstrickt sind, kennen. Dazu Stierlin & Grossarth-Maticek (op. cit. S. 30): „In unserem alltäglichen Denken und Erzählen neigen wir dazu, Geschichten als Folgen monokausaler Wirkzusammenhänge zu sehen und zu erzählen, in denen Phänomene wie Rekursivität, Synergetik und Kontextabhängigkeit zu kurz kommen." Und weiter ... „solch Entweder-Oder-Denken hat Folgen: Das griechische Wort Aitia, das auch in dem Begriff Ätiologie (gleich medizinische Ursachenlehre) mitschwingt, bedeutet im Altgriechischen nicht nur Ursache, sondern auch Schuld." Das könnte heißen, daß wir als Therapeutinnen bzw. Ärztinnen und Ärzte mit Patienten und ihren Angehörigen mit Vorteil nicht in solchen Ursache-Wirkungs-Schemata reden, sondern zusammen mit ihnen Bedeutungsstrukturen entwerfen (oder daran anschließen), welche ihre konkrete und symbolische Auseinandersetzung mit der Krankheit erleichtern. „Ich kann heute auch mit dieser chronischen Krankheit relativ gesund leben", hat in unserer Befragung eine von schwerer cP betroffene ältere Frau erzählt.

Individuelle und familiale Bedeutungswelt, Biographie und Geschichten (C)

Es geht hier um die Frage nach der Bedeutungswelt, also der Frage, wie aus individuellen und familialen Biographien „Landkarten", entstehen, mittels derer Menschen ihren Weg in der neuen „Landschaft" mit einer schweren Krankheit suchen. Jaspers (1958) braucht dafür den Begriff „Wirklichkeit" im Gegensatz zu „Realität" und stellt mit ihm die Möglichkeit des Menschen, durch Besinnung und Erkennen die realen Dinge der Welt „kundig zu gestalten", ins Zentrum. Es geht also nicht bloß darum zu verstehen, warum Patienten und ihre Angehörigen so und nicht anders auf cP reagieren, sondern in erster Linie um den prospektiven Blick für die *Möglichkeiten* zur Gestaltung ihres Lebens mit Krankheit. Die Ressourcen aus einer einmaligen Lebensgeschichte dienen als Anreiz zur Auseinandersetzung – eben „Coping" – und zum alltäglichen Umgang mit den kritischen Ereignissen, wie sie zu jeder lang dauernden Krankheit gehören. Die Leitmotive aus der Lebensgeschichte sind jedoch nicht an sich konstruktiv oder behindernd, weil sie eingebunden sind in die „Realität" der Lebenswelt von Beziehungen und Erfahrungen, die ihren Wert mitbestimmen. So hat in unserer Untersuchung das Motto „jeder ist seines Glückes Schmied" bei einigen der Befragten den Stellenwert des Trostes und des Glaubens an Wahlmöglichkeiten, dort nämlich, wo es mit der entsprechenden Erfahrung von Unterstützung durch die Familie verbunden ist. Anderseits kann das gleiche Motto, wonach jeder seines Glückes Schmied sei, das Gegenteil von Trost und Sinnfindung bedeuten. Dort nämlich, wo es gekoppelt ist mit einem puritanischen Arbeitsethos und einer Lebenseinstellung, bei der Liebe mit Leistung verknüpft ist, kann es im Fall einer chronischen Krankheit die Mobilisierung eigener Schuld oder das Suchen nach fremden Sündenböcken bewirken.

Daß individuelle und partnerschaftliche Bedeutungswelten, also das je einmalige Verständnis von Krankheit auch bei Partnern in lange dauernden Beziehungen oft weit auseinanderklaffen, zeigte sich in unserer Untersuchung v. a. in bezug auf das Geschlecht der Befragten. Der oft angetroffene „Marathonläufer" unter den cP-Patienten, der trotz Schmerzen verbissen weiterrennt, paßt zu traditionell-männlichen Biographien. Die „schreckliche Demut", also die einseitigen Loyalitäten und Bindungen, wie wir sie bei cP-Patientinnen beobachtet haben, ihre Überverantwortlichkeit für andere und Unterverantwortlichkeit für sich selber, passen zu traditionellen weiblichen Sozialisationserfahrungen. Solche „Copingstrategien" nur auf Persönlichkeitsmerkmale zu reduzieren, greift also zu kurz und bewirkt (auch wenn die Zuschreibungen bloß im Kopf der Experten gemacht werden) Scham- und Schuldgefühle bei den Betroffenen.

Die Frage, wie individuelle und familiale Bedeutungswelten erkannt werden können, ist nicht einfach zu beantworten. Direkte Fragen an die Betroffenen sind – wie in

Kapitel 3 erwähnt – weder harmlos noch neutral; sie teilen immer unsere Annahmen oder Vorurteile mit. So war es beispielsweise für das Forscherteam unseres Projektes eine unvergeßliche Erfahrung zu erleben, wie empfindlich die Befragten auf unsere mehr oder weniger subtilen Fragen zu ihrem persönlichen Krankheitsverständnis („Was denken Sie, könnte diese Krankheit Ihnen signalisieren") reagierten. Da wir als Fragende ohne therapeutischen Auftrag dankbar sein mußten, daß die von uns befragten 12 Familien ein Jahr lang regelmäßig zu uns kamen, wagten diese auch, uns Rückmeldung zu geben, sobald sie „die Nachtigall trapsen" hörten. Das heißt: sobald wir mit unsern Fragen das in unserer Kultur dominierende puritanische Schuldethos berührten, wonach Krankheit die Quittung für nicht voll gelebtes Leben oder für nicht richtig funktionierende Familienbeziehungen sein könnte. Dank der Rückmeldungen der Befragten hatten wir die Chance, eigene und weitverbreitete, festgefahrene Ideen über die subjektiven Bedeutungsmöglichkeiten von Krankheit zu revidieren. Ganz besonders mußten wir dabei unsere allzu simplen Vorstellungen von Krankheit „als Folge einer lieblosen Kindheit" oder als „Funktion zur Stabilisierung gefährdeter Ehe- und Familienbeziehungen" unter die Lupe nehmen. Das heißt nicht, daß solche Erklärungen falsch oder notwendigerweise schädlich sein müssen, aber es macht einen riesigen Unterschied aus, ob die Betroffenen *selber* die Verbindung zwischen Biographie und Krankheitsgeschehen herstellen oder ob sie von Experten dazu aufgefordert werden, „doch endlich mal hinzugucken". Ich möchte später unter dem Aspekt des therapeutisch-beraterischen Handelns auf Möglichkeiten der Gesprächsführung zu diesem Thema eingehen.

Was (B), also die Realität oder Lebenswelt betrifft, in welcher kritische Ereignisse wie eine chronische Krankheit erlebt werden, kann ich nichts Allgemeines sagen. Die *einmaligen* biologischen, psychologischen, sozialen und

ökonomischen Bedingungen von Patientinnen und Patienten, ihrer Familie und ihrer Umwelt zu kennen, gehört m. E. zu jeder einigermaßen zuverlässig erhobenen Krankheitsgeschichte, die sich auch aus den erzählten Geschichten speist, nicht nur aus den Fakten zur Krankheit. Erstaunt hat uns, daß wir bei unserer Untersuchung kaum Krankheitsgeschichten fanden, in welchen Informationen über den Lebenskontext – Familie, Milieu, Arbeit – des kranken Individuums enthalten waren. Während Beraterinnen im psychosozialen Bereich sich oft intensiv mit den psychologischen und sozialen Verhältnissen auseinandersetzen, manchmal aber den biologisch-medizinischen Bereich des Krankheitsgeschehens vernachlässigen, scheint es bei den Rheumatologen, welche die Krankheitsgeschichten unserer Patientengruppe zusammentrugen, gerade umgekehrt zu sein. Ich möchte auf zwei unter vielen Aspekten zum Thema „Lebenswelt" verweisen, die mir wichtig scheinen:
1. Die Qualität von Paar- und Familienbeziehungen im Verlauf des Lebenszyklus mit seinen normativen und nicht normativen Übergangskrisen.
2. Die Qualität der Familien-Umweltbeziehungen.

1. Jede Paar- und Familienbeziehung ist geprägt von der Notwendigkeit, daß immer wieder neu eine Balance ausgehandelt wird zwischen den beiden Polen von Autonomie (Differenzierung) und Zugehörigkeit (Kohäsion) mit dem Ziel, schließlich eine bezogene Autonomie jedes Familienmitglieds zu gewährleisten. Durch den Ausbruch und die Folgen einer chronischen Krankheit, besonders in ihren schwierigsten Phasen der Diagnoseunsicherheit sowie bei unvorhersehbarer Verschlechterung, werden Menschen stärker voneinander abhängig, als dies den Anliegen einer bestimmten Phase im individuellen und familialen Lebenszyklus entspricht. Ich denke an die oft angetroffene Vermischung *normativer, vorhersehbarer kritischer Über-*

gänge von Familienmitgliedern (z. B. in der Lebensmitte der Eltern und der Adoleszenz der Kinder) in Verbindung mit dem *nicht-normativen, nicht vorhersehbaren Ereignis* des Ausbruchs einer schweren Krankheit oder deren plötzlicher Verschlechterung. Beziehungsmuster, die schon vorher zur emotionalen Verstrickung tendierten, geprägt von mangelnder Auseinandersetzung und Differenzierung der einzelnen, können in Krisen starr komplementär werden. Es entsteht ein Oben und Unten, ein privates Beziehungsmuster von Helfern und Patient. Paare oder ganze Familien *organisieren sich um die Krankheit*; alles andere wird unwichtig. Das mag zur Zeit von Krisen hilfreich sein, doch kann dieses Beziehungsmuster leicht zum Dauerzustand gefrieren, welcher dann die Beteiligten in einer Art „Dornröschenschlaf" gefangen hält. Ihr Umgang miteinander, ihr Beziehungsmodus ist geprägt von Idealen der Harmonie um jeden Preis, des Sich-Opferns füreinander, wobei nicht nur die bald einmal ohnmächtigen Helfer, sondern auch der „unheilbare Patient" sich als Opfer fühlen. Ein solcher „Dornröschenschlaf" kann zwar eine Zeitlang vor Streßüberflutung bewahren, aber schließlich zum größeren Problem werden als die Krankheit selber. Das tiefenpsychologische Konzept der „Abwehrmechanismen" bzw. der nicht erfolgten „Trauerarbeit" beschreibt solche Zustände. Allerdings entspricht das geforderte Modell der „Durcharbeitung" oder der „Akzeptanz der Krankheit", welche vom Patienten oder von der Patientin individuell geleistet werden müsse, nicht meinem Verständnis des Zusammenwirkens von Seele, Körper und Umwelt. Bei der systemischen Denkweise werden, im Sinne einer „Feldveränderung", individuelle Möglichkeiten für Patient und Angehörige angestrebt, damit sie ohne Schuldgefühle aus dem Dornröschenschloß ausbrechen und individuelle Nährböden kultivieren können, ohne einander zu verlieren. Aus der Distanz mag dann das alte „Dornröschenschloß" neu betrachtet und mit offenen Türen umgebaut oder auch verlassen werden. In unserer Untersuchung lebten jene Familien am besten mit cP, welche nach einer ursprünglich intensiven Bezogenheit auf die Krankheit diese als Teil, aber auf keinen Fall als „Organisationsprinzip Nummer 1" in ihr Leben einbauten.

2. Die Qualität der Familien-Umweltbeziehungen
Sie hängt unmittelbar mit der Frage zusammen, wie dicht das Gestrüpp um das verwunschene Schloß der betroffenen Familie gezogen wird. Aus unserer Untersuchung geht hervor, daß durchwegs die Beziehungen zur gegenwärtigen Kernfamilie und zur Herkunftsfamilie von größerer Bedeutung waren als jene zu Freunden oder Nachbarn. Das ist nicht untypisch für moderne Kleinfamilien in städtischen Verhältnissen, die vielleicht auch vor Ausbruch der Krankheit wenig außerfamiliale Beziehungen hatten. Es ist darum auch nicht verwunderlich, daß bei *Angehörigen* der befragten cP-Patienten z. T. schwere psychosomatische Störungen auftraten, die aber häufig von ihnen bagatellisiert wurden. Erst bei unserer Nachuntersuchung drei Jahre später erzählten einige dieser Angehörigen offen von ihrer eigenen Verwundbarkeit, z. B. von häufigen Infektionskrankheiten und Spannungserscheinungen wie Migräne, oft aber auch von einer inzwischen erlernten Freiheit, von ihren Beschwerden zu reden. Wir erfuhren von einigen von ihnen, daß die gemeinsamen Familiengespräche im Jahr der Untersuchung sie ermutigt hätten, ihre Bedürfnisse nach persönlicher Entwicklung und Distanzierung von der zu großen Familienverbundenheit ernster zu nehmen. Vor allem in Situationen, in welchen anstehende Prozesse der Differenzierung von der Familie durch den Ausbruch der cP behindert worden waren, wie z. B. bei drei jüngeren Männern, war bei der Nachbefragung eine erfreuliche Öffnung und Vernetzung mit der Welt außerhalb der Familie zu beobachten.

Das heißt, und damit will ich zum Thema Copingprozeß und professionelle Unterstützung überleiten: Die Einbeziehung von Angehörigen in den medizinischen und psychosozialen Beratungsprozeß kann weit über den Aspekt der Aufklärung der Bezugspersonen hinaus ermöglichen, daß eine Familie oder ein Paar beim Erwachen aus dem „Dornröschenschlaf" behutsam begleitet wird und daß aus dem vorher diffusen Familien-Wir unterschiedliche Individuen mit eigener Stimme auftauchen, die darüber verhandeln, was sie geben und nehmen möchten. „Emancipare" (aus der Hand geben) kann so trotz Krankheit zu neuen Freiräumen für Patient oder Patientin und Angehörige führen.

Copingprozeß und beraterisch-therapeutisches Handeln (X)

Ein chronisches Krankheitsgeschehen verändert, wie beschrieben, sowohl die Beziehungsstrukturen als auch die eigene Stellung innerhalb bestehender Beziehungen und damit die persönliche Identität von Kranken und Angehörigen. Eine Paar- und Familiengeschichte, aber auch die persönliche Biographie, müssen jetzt Seite um Seite neu entworfen und „geschrieben" werden. Es gilt Abschied zu nehmen von bisherigen Vorstellungen und Gewohnheiten – wir sind doch eine normal-gesunde Familie – und besonders vom bisherigen Begriff der Alltags- und der Lebenszeit. Vieles wird verlangsamt für Patienten und Angehörige, und die Organisation der Zeit wird zu einem primären Anliegen. Der damit verbundene Übergang von der anfänglich rein medizinischen zur psychosozialen Alltagsbewältigung kann am besten erfolgen, wenn auch Expertinnen und Experten aus dem medizinischen Bereich diesen Schritt mitvollziehen und begleiten, selbst dort, wo weder eine psychotherapeutische Vorbildung noch ein psychotherapeutischer Auftrag bestehen, wie dies in den meisten Situationen der medizinischen Praxis der Fall ist. Allein schon das sorgfältige Nachfragen „Haben sie Zeit dafür?", bevor eine bestimmte Therapie verordnet wird, kann nützlich sein. Mit dem Konzept des Copingprozesses (anstelle hergebrachter Konzepte der psychologischen „Durcharbeitung zur Annahme der Krankheit"), verbunden mit einem ressourcenorientierten Menschenbild, können Mediziner und andere Professionelle die Alltagsbewältigung sinnvoll begleiten. Gespräche, sensibles Fragen und das Erzählenlassen der Ideen der Betroffenen zum Thema Krankheitsverständnis (Laientheorien) und Alltagserfahrungen strukturieren ja an sich schon Erleben und Handlungsmöglichkeiten. Sorgfältiges Hören auf die Sprache, in welcher die Krankheit und der Alltag beschrieben werden, und ebenso sorgfältiges Nachfragen nach den Ressourcen in individuellen und familialen Biographien oder nach früheren Erfahrungen mit kritischen Ereignissen sind lösungsorientierter, als technizistisch orientierte Experten dies oft annehmen – außer wenn sie sich selber in kritischen Lebenssituationen befinden.

In einer interessanten Untersuchung „Erzählen unerwünscht. Erzählversuche von Patienten in der Visite" (Bliesener, 1980) analysiert der Autor 180 auf Tonband aufgezeichnete Arztvisiten im Krankenhaus. Seine Beschreibung der Komplikationen zwischen Arzt und Patient-Gesprächen ist ernüchternd. Zu meiner eigenen Untersuchung paßt die Beobachtung des Autors, daß Patienten „trotz dirigistischer Belehrungs- oder Befragungsversuche des Arztes" – von Ärztinnen war damals nicht die Rede – immer wieder *selbständige Erzählversuche unternehmen*. Er beschreibt, wie häufig die Geschichten der Patienten überhört oder problematisiert werden: „Der Arzt spricht verschiedene Sachverhalte bloß punktuell an, der Patient strebt danach, sie zusammenhängend zu entfalten. Der Arzt verbindet die Sachverhalte unter sachlichen Gesichtspunkten der Fachwissenschaft, dem Patienten geht es um ihre zeitliche und ursächliche Verbindung in der Sicht seiner persönlichen Lebensgeschichte ... Der Arzt handelt aus professioneller Zuständigkeit, der Patient in existentieller Betroffenheit." Wenn ich an meine eigene Arbeit in Therapie und Beratung von Menschen in kritischen Lebenssituationen denke, kann ich meinen Kolleginnen und Kollegen aus dem medizinischen Fachbereich versichern, daß es für Experten langfristig *zeit- und energiesparend* ist, Patienten oder Klienten zu Wort kommen zu lassen und aus ihren selbständigen Erzählversuchen das Wichtigste zu erfahren, was zur Heilung oder zum Copingverhalten gehört: eigene Zuständigkeit und eigene Initiativen. „Erzählen als alltägliche sprachliche Tätigkeit" nennt der Autor diese Art von Copingverhalten. Wer dafür keine Zeit und keinen Raum zur Verfügung stellt, behindert Eigenverantwortung von Patienten und ihren Angehörigen.

Der Prozeß der Krankheitsbewältigung und der geistigen Auseinandersetzung damit ist an sich weder gut noch schlecht, sondern kann nur bezüglich seiner Wirksamkeit eingeschätzt werden. Diese Wirksamkeit wiederum, also die Antwort auf die Frage, ob Streß zu- oder abnimmt, kennen die Patienten und ihre Angehörigen am besten, und es lohnt sich die Mühe, sie danach zu fragen. Dabei mag es sinnvoll sein, auf zwei unterschiedliche Arten des Copingprozesses hinzuweisen, deren Verständnis einiges beiträgt zu einem akzeptierenden Umgang mit Betroffenen und ihren Familien:

1. Die *konkrete Art des Copingprozesses*, welche identisch ist mit Julian Rotters Vorstellung von der „internalen Kontrollüberzeugung" (Rotter 1966),
2. Die *symbolische Art des Copingprozesses*, identisch mit Rotters Vorstellung von der „externalen Kontrollüberzeugung".

Beide Bewältigungsformen stehen in einem komplementären Verhältnis zueinander. Sowohl die symbolische Art des Krankheitsverständnisses und des Copingprozesses, welche auf den Glauben an eine höhere Macht, auf den Ausdruck von Emotionen und die Frage nach dem Sinn einer Krankheit bezogen ist als auch die konkrete, problemlösungsorientierte Art können Streß vermindern, solange sie von Bezugspersonen und Experten akzeptiert und unterstützt werden. Kämpfen *und* Loslassen, beides hat seine Zeit und seine Bedeutung. In den meisten Lebensgeschichten schlummern Vorstellungen und intuitives Wissen darüber, wann wofür die richtige Zeit ist. Es scheint, daß die von der Krankheit Betroffenen gerne häufiger auf der *symbolischen Ebene* über Sinn und Emotionen reden würden (mit Angehörigen und Experten), während jene sich wohler fühlen auf der *konkreten Handlungsebene*. Da zwei Drittel der von chronischer Polyarthritis Betroffenen weiblichen Geschlechts sind, mag diese Beobachtung auch mit weiblicher Sozialisation zu tun haben. Es gab in unserer Untersuchung aber auch einige Männer, welche die symbolische Art des Copingprozesses vorgezogen hätten, sich diese aber – v. a. gegenüber Experten – manchmal nicht zutrauten, wie sie uns erzählten. Interessant war übrigens, wie diese beiden Copingorientierungen sich im Beobachterteam unserer Untersuchung spiegelten. Es scheint, daß die Sozialisation von Medizinern, wie dies in der Untersuchung von Bliesener (op. cit.) deutlich wird, sie „einlädt", auf die Seite der konkreten Problemlösungsorientierung zu gehen und sich mit dem symbolischen Aspekt hilflos zu fühlen, während psychotherapeutisch ausgebildete Menschen die eigentlich „richtige" Bewältigung von Krankheit eher im Ausdruck von Emotionen und der sog. Trauerarbeit sehen. Sie neigen hingegen dazu, die konkreten, alltäglichen Problemlösungen zu vernachlässigen. Diese Kontroverse zwischen konkret orientierten, naturwissenschaftlich überzeugten Medizinern und psycho-

logisch orientierten Beraterinnen und Beratern, wie sie sich oft in Teams zeigt, müßte nicht sein. Voraussetzung ist, daß
- Mediziner verstehen, daß Patienten und Angehörige (neben allem objektivem Wissen über eine Krankheit) ihr privates, nicht wissenschaftliches Erklärungsmodell haben, das in den Geschichten enthalten ist, die ihr Copingverhalten leiten, und
- psychologische Berater verstehen, daß psychologisierende Fragen fast immer mit der Zuweisung von Schuld verbunden sind, aber leicht ersetzt werden können durch Neugier und Offenheit für die individuellen, einzigartigen Geschichten und Bewältigungsprozesse von Kranken und ihren Bezugspersonen.

Zum Schluß will ich einige nützliche Ideen zum fachlichen Umgang mit kranken Menschen und ihren Angehörigen skizzieren, wie wir sie von den befragten Familien gelernt haben.

1. „Den Heilern das Heilen austreiben" heißt im Umgang mit Kranken und ihren Familien, die bei Vertretern helfender Berufe oft versteckten Allmachtsphantasien als Versuchung zu erkennen, mit einem an Pathologie orientierten Menschenbild alles „im Griff" haben zu wollen. Kontrolle über die Krankheit wie auch über den Patienten samt seiner Familie haben zu wollen, kann einen Bewältigungsoptimismus erzeugen, der mehr den Experten als den Betroffenen dient.

2. Damit verbunden kann der Glaube an die „persönlichen Defizite" oder an die „fraglose Psychotherapiebedürftigkeit" von Kranken und ihren Angehörigen sein, den ich manchmal beobachte, wenn diese im Kontakt mit Professionellen durch Erzählinitiativen, Jammern, Schimpfen oder sog. Noncompliance auffallen. Könnten Experten und Expertinnen auch für sie schwierige Verhaltensweisen als versuchte Copingprozesse statt als „neurotische Strate-

gien" verstehen, müßten Betroffene weniger Angst haben, als Problemfälle behandelt zu werden.

3. Die Angehörigen selbstverständlich in den medizinischen und psychosozialen Beratungsprozeß einzubeziehen, kann an sich schon „therapeutisch" wirken. Natürlich kann eine Familie oder ein Paar durch eine schwere Erkrankung so belastet werden, daß eine Familientherapie indiziert ist. Die Regel ist das nach meiner Erfahrung aber nicht, entgegen der ursprünglichen Annahme, mit der wir unsere cP-Untersuchung begannen. Aufdeckende und konfrontierende Gespräche sind bei kritischen Krankheitsereignissen nicht angezeigt, weil sie meist zusätzlichen Streß auslösen. Das heißt, Angebote zu einem therapeutischen Gespräch *nicht* zu ergreifen, kann für Patientinnen und Patienten sogar positiv sein.

4. Wichtig wäre, Modelle der Begleitung und Beratung zu entwickeln, die nicht an Akutkrankheiten orientiert sind, sondern für die spezifische Situation chronisch Kranker und ihrer Familien maßgeschneidert werden. Das bedingt oft beraterische Knochenarbeit anstelle brillanter Interventionen sowie die Bereitschaft, Patienten und ihren Bezugspersonen Wege ins unbekannte Land ihrer Gesundheits- und Krankheitslaufbahn suchen zu helfen.

5. Und zum Schluß noch einmal: Unsere Sensibilität und Neugier für immer wieder einmalige Lebens- und Bedeutungswelten, also die Geschichten der Kranken und ihrer Angehörigen, sowie für deren Lebensqualität statt die „Überlistung der Krankheit" durch Medizin oder Psychotherapie können eine solche Arbeit anregend und gleichzeitig entspannend machen.

Literatur

Bliesener, T. (1980): Erzählen unerwünscht. Erzählversuche von Patienten in der Visite, in: Erzählen im Alltag, Hrsg. K. Ehlich, Suhrkamp; Hill, R. (1949): Families under stress, Greenwood Press, Westport; Jaspers, K. (1958, 1986): Der Arzt im technischen Zeitalter, Piper, München; Kemm, R., Welter, R. (1987): Coping mit kritischen Ereignissen im Leben Körperbehinderter, Edition Schindele, Heidelberg; Rotter, J. B. (1966): Generalized expectancies for internal versus external control of reinforcement, Psychol. Monogr. 690; Stierlin, H. & R. Grossarth-Maticek (1998): Krebsrisiken-Überlebenschancen, Carl-Auer-Systeme, Heidelberg; Welter-Enderlin, R. (1989): Krankheitsverständnis und Alltagsbewältigung in Familien mit chronischer Polyarthritis, Psychologie Verlags Union, Weinheim.

KAPITEL 6

Männergeschichten – Frauengeschichten

Schwieriger Wandel der Geschlechterrollen

1986, mitten im Hochsommer, trafen wir uns einige Male in Frankfurt, wir fünf „Frauen von hinter der Bühne" der familientherapeutischen Öffentlichkeit. Hinter der Bühne eines großen Kongresses hatten wir uns kennengelernt, und hinter der Bühne erzählten wir einander vorerst unsere Geschichten in männlich dominierten Arbeitsverhältnissen. Daraus entstanden dann, Schritt für Schritt, unsere Beiträge für eine Nummer der Zeitschrift „Familiendynamik" (1987), die seither als Frauennummer bekannt wurde und längst vergriffen ist. Ich erinnere mich, wie ich jeweils mitten in der Nacht aufstand, um den Zug zu erreichen, und wiederum spät nachts nach Hause kam ... wie heiß es war unterwegs, und wie ich dennoch nach dem langen Tag erfrischt und gesättigt zurück kam. Was für Höhepunkte, diese gemeinsamen Stunden! Weite Spielräume für das Erzählen unserer Erfahrungen und für ihre Verbindung mit Ideen und Theorien taten sich auf. Unsere persönlichen Erlebnisse verknüpften wir mit den sozialen und politischen Bedingungen unseres Lebens. Wir staunten über unsere kürzer oder länger dauernde Blindheit dafür, wie stark das Individuelle unserer weiblichen Geschichten mit kollektiver Historie verbunden war. Die Stimmung unter uns war reich an Spontaneität und Offenheit. Es gab das befreiende Lachen und auch gelegentliches Kopfschütteln, „das darf doch nicht sein ..." oder, „das kenn' ich so gut ..." Dann die Manuskripte und ihre Diskussion über den Frauenkreis hinaus, und schließlich ihre Drucklegung zum Heft „Frauen über Frauen (und Männer) in der Therapie", Familiendynamik, 12. Jahrgang, Heft 3, 1987. Das Heft erschien mit einem inzwischen zur Sage gewordenen Nachwort der Herausgeber, welches so unmißverständlich und plastisch unsere Erfahrungen illustrierte, daß es gar nichts mehr beizufügen gab. Die Herausgeber wollten wissen, was wohl die lieben Leserinnen zur „Wissenschaftlichkeit" unserer Beiträge in einer wissenschaftlichen Zeitschrift zu sagen haben könnten – das klassische Mittel traditioneller Männer, weibliches Denken als unzulänglich abzutun (Ockel 1990). Die Leserinnen (samt einem zornigen Leser) schrieben ihnen und uns. Sie redeten mit uns und begannen, weitere Fragen zu stellen, an die wir noch nicht gedacht hatten. Einige bildeten Gruppen mit Kolleginnen, die sich jahrelang trafen und miteinander Familien in Therapie nahmen, experimentierend und scharf beobachtend, wie *Therapeutinnen* es denn machen mit Frauen und Männern, Mädchen und Jungen, neugierig auf Gemeinsames und auf Unterschiedliches. Seither ist nichts mehr gleich in unserem Feld. Ein Dacapo gibt es nicht, keine von uns kann hinter diese Erfahrung zurückgehen. Auch wenn sich außen weniger verändert hat als innen, gärt es in den Köpfen und in der Sprache, die unaufhaltsam neue Wirklichkeiten schafft. Wenn auch noch nicht die „Realitäten", die sozialen Strukturen, sich gewandelt haben – wer könnte das denn erwarten, da mit diesen Strukturen so viele Jahrhunderte alte Privilegien fest in männlicher Hand sind! –, der Gärungsprozeß läßt sich nicht aufhalten. Obwohl sich mit einem veränderten Blickwinkel die Welt noch nicht ändert, bewegen wir uns fortan in einer anderen Welt.

Jahrelange Blindheit: warum?
Ich glaube nicht, daß es genügt, mich als Kind meiner Zeit zu beschreiben, aber die Zeit meines beruflichen Aufwachsens hat schon etwas mit meiner jahrelangen Blindheit zu tun. Ich habe meine familientherapeutische Aus-

bildung in der zweiten Hälfte der 60er Jahre gemacht, in den USA. Es war eine Zeit des Aufbruchs und der Hoffnung auf Wandel zur Demokratisierung des öffentlichen und des privaten Lebens, und ich war so glücklich über die Aufbruchstimmung, daß ich kaum wahrnahm, wie viel sich gleich geblieben war im Alltag. Zwar gab es wunderbare neue Entwürfe für das Zusammenleben von Frauen und Männern, für politische, emotionale und sexuelle Partnerschaftlichkeit. Aber es blieb bei den Entwürfen. Je radikaler wir redeten, desto mehr blieb es dasselbe. Frauen kochten nach wie vor Kaffee und wuschen das Geschirr, und Männer redeten und traten auf die Bühne. Im beruflichen und familialen Alltag blieben Veränderungen auf der Strecke, nicht zuletzt, weil der Vietnamkrieg viele begonnene Programme, für Tageshorte und Frauenbildung zum Beispiel, abwürgte. Jene Epoche wird im nachhinein schrecklich idealisiert. Wer den Roman von John Irving, „Owen Meany" liest, wird verstehen, was ich meine.

Und trotzdem gab es Wandel in dieser phantastischen Aufbruchstimmung. Für mich geschahen damals dramatische Veränderungen im privaten Bereich – dramatisch, wenn ich an die Strukturen und die Kultur denke, der ich entstamme. Ich bin noch immer dankbar, daß mein Mann und ich damals, am Anfang unsere Ehe und erst recht, als die Kinder zur Welt kamen, in einem Milieu lebten, in welchem die hergebrachte Rollenverteilung zumindest diskutiert und in vielen Fällen – auch in unserem – verändert werden konnte. Allerdings hat mich diese „private Lösung", der Verzicht auf eine universitäre Karriere durch meinen Mann und sein Engagement für die Familie, das mir ununterbrochene, wenn auch teilzeitliche professionelle Beschäftigung ermöglichte, wohl erst recht blind gemacht für den weiteren sozialen und politischen Kontext. Zu dieser Blindheit paßt wohl auch meine Biographie als „Vater-Tochter", die von ihm Unterstützung bekam für ihren Wissensdrang und ihre Neugier, bedingungslose Unterstützung, muß ich sagen. Ich erwartete dieselbe Freundlichkeit und Unterstützung von Männern in der Arbeitswelt und war ihnen von meinem Grundgefühl her herzlich zugetan. Naiv zugetan, paßt wohl eher ... Schritt um Schritt habe ich dann in der Berufswelt, z. B. in einer Institution, die systemische Therapie lehrt, als engagierte Mitarbeiterin erfahren, was viele Frauen in unserer Kultur schon in ihrer Herkunftsfamilie lernten: Das „Eigene" kannst du nur leben, wenn ein Mann in Machtposition dir dazu die Berechtigung gibt. Und damit er es tut, mußt du eine gute und vorzeigbare Tochter sein ... auch ab und zu eine nährende Mutter. Bloß um Himmels willen keine Konkurrentin, die einen eigenen Platz auf der Bühne beansprucht. Sonst wirst du als unweiblich oder als Hexe qualifiziert, zwiespältig attraktiv zwar, aber so gefährlich für Patriarchen, daß die Hexe bestraft werden muß. Auch solche Hexengeschichten gehören über die Jahrhunderte zu weiblicher Erfahrung. Natürlich gab es bei diesem Spiel auch den persönlichen Anteil meiner damals typisch weiblichen „Ich-Ferne" (Fischer-Homberger 1988). Ich meine damit diese intuitiv entwickelte Überlebens-Fähigkeit, in einengenden Strukturen die Fühler weit draußen zu halten und zu merken, wie die Dinge laufen und vor allem wahrzunehmen, wenn Männer sich bedroht fühlen. Also sozusagen das Gras wachsen zu hören ... aber nie richtig bei mir zu sein. Stets gerne zu Ihren Diensten, wie es in altmodischen Geschäftsbriefen heißt, und bereit, mich selber auszubeuten und ausbeuten zu lassen. Ich will damit nicht sagen, das sei ein bloß weibliches Problem. Aber ich meine, die Motive der Selbstausbeutung seien bei Männern meist andere als bei Frauen, eher auf eigene Ziele als auf Anpassung und Zugehörigkeit bezogen.

Ich habe es immer als besonderes Privileg erlebt, trotz Familie berufstätig bleiben zu „dürfen" und mit meinem Einkommen wesentlich zum Familienunterhalt beizutragen. Und mein Mann hat, als eigenständiger, unkonventioneller Mensch, den Freiraum kreativ genutzt, der ihm dadurch beschert wurde, was auch mir und meiner Arbeit zugute kam. Ich war also, wie so viele Frauen, stets dankbar, daß ich „gut genug" war, neben der Familie überhaupt eine interessante Teilzeitstelle in Forschung und Therapie zu bekommen. Zwar war mein damaliger Chef so patriarchalisch, wie es seiner Stellung entsprach. Aber weil mir unsere junge Familie wichtiger war als der Beruf, habe ich es geschluckt, wenn er sarkastisch wurde, sobald ich eigene Ideen äußerte, die den seinen widersprachen. Und ich habe zugeschaut, wie herablassend er mit Frauen in den von ihm therapierten Ehen und Familien umging, so im Stil „Sie wundervolle Mutter, gönnen Sie sich doch mal Ferien" – und die Frau in eine Ecke des Zimmers schickte, um Vater und Kinder einander näher zu bringen. Über meine Blindheit solchen „Strategien" gegenüber wundere ich mich noch heute. Da ich auch nach meiner Rückkehr in die Schweiz Familie und Beruf unter einen Hut zu bringen versuchte, was in den traditionellen Strukturen hier weit schwieriger war als in der amerikanischen Universitätsstadt, und außerdem mein Teil an der Ernährerrolle erfüllen wollte, habe ich an meiner neuen Arbeitsstelle erst recht „Augen zu und durch" gemacht, zumindest in den ersten Jahren.

Schlaflose Nächte

Es begann, wie bei vielen solchen Krisen, mit Schlaflosigkeit, etwas mir bis dahin völlig Fremdes. Wenn ich nachts wach lag, mußte ich „hinschauen", und je länger ich in die Dunkelheit schaute, desto heller wurden die Konturen. Ich mag nicht in Einzelheiten gehen, aber ich merkte immer deutlicher, daß die formellen mit den informellen Strukturen meines beruflichen Daseins schon längst nicht mehr übereinstimmten und daß ich trotz aller versuchten Verhandlungen in patriarchalen Verhältnissen festsaß. Als Co-Leiterin der betreffenden Institution war ich in einer

Position mit langer weiblicher Tradition, eingeklemmt zwischen oben und unten, zwischen „Vater und Kindern", mitsamt der Wahnidee, es allen recht machen zu wollen, um dann logischerweise als böse Mutter oder Hexe entwertet zu werden. Als ich das Spiel erkannte und meinen Anteil daran deutlich sah, kam endlich auch der Zorn ... und damit der Beginn des Loslassens.

Eindrücklich übrigens, im nachhinein zu erkennen, wie lange ich die vielen Hinweise auf meine unmögliche Arbeitssituation, die mir sowohl Freunde als auch meine Familie gegeben hatten, ignoriert hatte. Es ist eine Erfahrung, die mich demütig macht jenen gegenüber, die jahrelang alle Warnsignale überhören oder übersehen und erst in Therapie kommen, wenn das Schiff auf den Eisberg gelaufen ist. Zum Beispiel hat, Jahre vor meinem Aufbruch, unser damals noch kleiner Sohn mir einmal zu Weihnachten ein selbstverfaßtes Kündigungsschreiben geschenkt, komplett mit Umschlag und Marke, und ich fand das lieb und originell von ihm, brachte es aber nicht zusammen mit seiner Wahrnehmung meines Unglücklichseins. Mein Mann hat mir einmal zum Geburtstag einen räumlichen Grundriß entworfen für ein eigenes Institut, Jahre bevor ich selber daran dachte. In der Legende dazu steht bei der Garderobe: „Hier den Mantel der Sicherheit ablegen." Und dann, genau zur Zeit meines Erwachens, erlebte ich die Begegnung mit Frauen, die mich herausforderten und mir gleichzeitig warme Tücher um die Schultern legten. Kaum zu glauben, was für ein Glück das war (und noch ist)! In einer interdisziplinären Gruppe diskutierte ich damals mit einigen Frauen am Sonntagmorgen das Thema „Macht macht Mühe". Später nahm ich einen dreimonatigen Urlaub in den USA, teuer, aber er hat sich vielfach gelohnt. An meiner alten Uni verbrachte ich Tage am Center for Women's Studies mit Lesen und angeregtem Diskutieren. Ich erlebte einmal keine der gewohnte Frauenbeziehungen: Mutter/ Tochter, Lehrerin/Schülerin, ältere von jüngeren Schwestern, sondern Frauen auf der gleichen intellektuellen Stufe, die dennoch fähig waren, unterschiedliche Wissenshierarchien zuzulassen. Dort schrieb ich auch den erwähnten Artikel über Familismus und Sexismus in der Familientherapie, und es fiel mir dabei wie Schuppen von den Augen. Wichtig erscheint mir im Rückblick auf mein Erwachen das *Einnehmen einer Metaposition* durch den vorübergehenden Rückzug ins „Frauenzimmer", gänzlich außerhalb traditioneller Institutionen. Lange hatte ich geglaubt, daß Wandel von innen her, z. B. im Dialog mit wohlwollenden Patriarchen in psychotherapeutischen Einrichtungen, also Männern, die ihre eigene „Weibheit" oder Anima so gern betonen, möglich sei. Aber sobald es an die Strukturen und an die männlichen Vorrechte ging, war das Gespräch meistens zu Ende, nicht selten mit subtiler sprachlicher Gewalt: „So kenne ich dich gar nicht – bist du jetzt unter die Emanzen gegangen? Schade um deine Weiblichkeit!" Mit solchen Erfahrungen bin ich nicht allein, wie ich inzwischen weiß.

Ich war damals oft verwirrt und verzweifelt. Es war eine Schwäche, die zwar schließlich zur Stärke wurde, aber ich möchte eine solche Art des Umgangs mit mir nicht mehr erleben. Die Spatzen saßen haufenweise auf dem Dach, lärmten, tratschten und hackten ... bis ich merkte, daß ich eine Taube in der Hand hielt. Eine Taube mit Taubenherz, aber kräftigen Flügeln. Darum freue ich mich für meine Tochter und für meine jüngeren Kolleginnen, daß sie nicht bis zur Lebensmitte warten müssen auf dieses Aufwachen. Viele von ihnen leben in Netzen von Menschen, die ihre eigenen Wurzeln in Nährböden außerhalb des Patriarchats haben. Sie arbeiten wenn immer möglich mit Frauen zusammen, die nicht rivalisieren oder hinter den Kulissen die Fäden abschneiden, an denen eine Kollegin eben ein bißchen flattern wollte. Sie ziehen Männer vor, die emotional so gut verwurzelt sind, daß sie sich mehr freuen an weiblicher Stärke als an weiblicher Schwäche. Und sie lieben Männer, die selber so sicher fliegen, daß sie Frauen ihre Flügel nicht stutzen müssen, um sich ein bißchen stärker zu fühlen.

Ein besonderes Erlebnis hat mir in dieser Krise geholfen, meine Flügel schließlich wirklich auszubreiten. Einmal, während meiner Reise an die Orte meiner Ausbildung, sah ich ein Videoband einer schwarzen Kollegin und fand mich plötzlich in Tränen. Es ging um eine Frau in der Lebensmitte, erfolgreich und tieftraurig, und um ihre verlorene mütterliche Geschichte, um ihre abgeschnittenen Wurzeln zu weiblicher Tradition und weiblicher Spiritualität. Spiritualität nicht im esoterischen Sinn, sondern handfest und kräftig. „Spiritualität mit den Füßen am Boden", nenne ich seither diese Gefühlslage und meine damit unsere menschliche Möglichkeit, aus dem eigenen Zentrum und der eigenen Autorität heraus zu leben und neugierigteilnehmend auf andere zuzugehen. Schmerzlich wurde mir klar, wie sehr ich die Geschichte meiner Mutter als Geschichte von Schwäche und Ohnmacht erlebt hatte und wie ich selber an ihr – einer glutvollen Frau und tatkräftigen Geschäftsfrau – vorwiegend die Schattenseiten wahrgenommen hatte: ihre ausgesprochenen Ängste, nicht genügend gebildet und anerkannt zu sein und ihre heimliche Angst vor dem Nichtgenügen, vor dem Verlassenwerden ... Mir war es immer ein Ärgernis gewesen, neben ihrem alltäglichen „Funktionieren", ja Überfunktionieren, diese Abgründe zu ahnen. Aber ich bin den Gründen dafür nie nachgegangen, wußte kaum etwas von ihrer Geschichte und konnte mich darum mit diesen Schattenseiten bei mir selber wenig auseinandersetzen. Inzwischen habe ich meine Wurzeln tief in den vielschichtigen mütterlichen Nährboden gesenkt, habe mit dem Wiederentdecken ihrer und meiner Geschichte die Geschichte von Frauen (Gisela Bock 1988) überhaupt entdeckt und nehme an, daß es kein Zufall ist, daß meine Tochter als Historikerin Geschlechtergeschichte zu ihrem Thema macht ...

Meine Nächsten haben mich beim Wiederfinden meiner weiblichen Wurzeln unterstützt und sagen, ich sei dadurch runder geworden. Das ist ein gutes Gefühl.

Solidarität der Frauen
Am schmerzlichsten war es, das „Krabbenkorb-Phänomen" zu erleben: Ein Haufen lebender Krebse kann ohne Deckel in einem Behälter aufbewahrt werden, weil jedes der Tiere, das hochzuklettern versucht, sofort von den übrigen zurückgezerrt wird – mit dieser Analogie beschreibt ein holländischer Sozialwissenschafter (Gleym, 1988) seine Beobachtungen in weiblichen Arbeitsgruppen, wenn eine versucht, sich „über das Durcheinander am Boden des Krabbenkorbes hinwegzuheben". Er begründet dieses Muster damit, daß offenbar Rangunterschiede für Frauen eine geringere Rolle spielen als für Männer und versteht es quasi als Naturereignis. Ich bin jedoch der Meinung, daß er hier ein typisches Muster der „ewigen Töchter" im Patriarchat beschreibt, das weit abhängiger von tradierten sozialen Strukturen ist als von biologischen oder psychologischen Geschlechtsmerkmalen. Das entsprechende Motto lautet: „Wenn ich schon nicht den Mut habe hochzuklettern und damit den Zorn des Vaters (Partners, Chefs oder Bruders) zu erregen, soll es auch keine andere tun dürfen." So habe ich das jedenfalls in der Arbeitswelt erfahren. Aber ich erlebe inzwischen als Beraterin von Führungskräften und Arbeitsteams auch, daß Frauen, welche das Krabbenkorb-Phänomen überwinden und Karrierebrüche zum Ein- und Ausatmen nutzen, sich mit Chaos und Unvorhersehbarkeit in Unternehmungen weit flexibler auseinandersetzen als ihre Kollegen mit den linearen Karrieren (Haller 1990). Mir hat in meiner Situation sehr geholfen, von Freundinnen, aber auch von Freunden zu hören, daß sie Ähnliches erlebt haben auf ihrem Weg zu sich selbst, und vermutlich ist das einer der Gründe, warum ich hier meine persönliche Geschichte erzähle und im letzten Kapitel dieses Buches fortsetzen will.

Das Persönliche ist politisch ... In erster Linie hatte ich Existenzängste bezüglich der neuen Selbstverständlichkeit, die ja Männer ebenso kennen wie Frauen. Loslassen und Abschiednehmen von Ritualen der Sicherheit und von der Partizipation an der Macht der weitgehend männlich dominierten Institutionen Staat und Kirche, meinen damaligen Arbeitgebern, war nicht einfach. Es erfolgte der freie Fall und dann die Erfahrung, daß die Flügel tragen!

Wie wirklich ist die Wirklichkeit?

Mein Beispiel macht deutlich, daß wir für die Art, wie wir unsere Welt entwerfen und für die Sprache, die wir dafür wählen, Verantwortung tragen. Daran hat offenbar Bateson (1974, zitiert in Flemons 1979) erinnert, als er davor warnte, in menschlichen Beziehungen die Macht-Metapher zu benützen, weil sie gefährlich an andere, quasi-physikalische Methaphern erinnere. Macht werde durch die Verwendung des Begriffs als real existierendes „Ding", als objektive Wirklichkeit interpunktiert, und dadurch würden Organisationsstrukturen, welche davon ausgehen, „mehr Macht mache mächtiger" (Flemons 1989) bestätigt. Bei allem Respekt für die wirklichkeitsschaffende Qualität von Sprache finde ich, daß mit der seit Batesons Warnung lang und breit geführten Diskussion durch Kollegen – nicht durch Kolleginnen! – in unserem Arbeitsfeld zum Machtthema sich wenig erhellt hat, im Gegenteil. Vielleicht hat der Begriff „Macht", wie ihn die Macher (mein alter Lehrer Jay Haley zum Beispiel) brauchten, wirklich zur Wahnvorstellung der einseitigen Kontrollierbarkeit menschlichen Verhaltens durch Experten beigetragen. Macht als Metapher – Metaphern als „Einkreisungsversuche um einen Ort, der sich verdunkelt, sobald wir ihm zu nahe kommen" (Erika Burkhart, 1990, auf einem Kalenderblatt) – macht tatsächlich wenig Sinn, wenn wir die strukturellen Verhältnisse, also die Verhältnisse zwischen den Geschlechtern, erhellen statt verdunkeln wollen. Aber nichts hindert uns daran, den Begriff Macht so zu definieren, daß wir im ganz konkreten Fall, im Umgang mit Kollegen oder mit Menschen in Beratung, ihren „Tanz" unter dem spezifischen Aspekt ihres Zugangs zu Ressourcen und zu der Art ihrer Entscheidungen erhellen – mit Fragen zum Beispiel, wer was warum bekommt oder davon ausgeschlossen ist. Das Verbot, einen alltäglichen Begriff wie jenen der Macht zu gebrauchen und spezifisch zu definieren, verbietet Menschen Bewußtheit und Verhandlungsfähigkeit und fügt zum Schaden die Strafe. Krüll (1986) schreibt dazu treffend: „Ich wehre mich gegen Männer – auch wenn mir ihre Ideen und Arbeiten ansonsten noch so gut gefallen –, die mir vorschreiben wollen, daß ich die Machtmetapher nicht verwenden darf, weil „es Macht nicht gibt" (Bradford Keeney in einem Interview mit Jürgen Hargens, Zeitschrift für systemische Therapie 1985/1, S. 110 ff).

Es gibt viele erhellende Definitionen – nicht Metaphern! – zur Frage der Machtverhältnisse zwischen Menschen. Staub-Bernasconi (1986) definiert zum Beispiel konstruktive Machtverhältnisse mit dem Begriff der „Begrenzungsmacht", das heißt einem konsensuellen Verständnis, daß in bestimmten Situationen die Entscheidungsbefugnis bei X, aber nicht bei Y liegt. Dagegen stellt sie destruktive Machtverhältnisse fest, sogenannte „Behinderungsmacht", wo Menschen ohne Konsens über andere verfügen, also Formen der Kontrolle ausüben, welchen diese nicht entkommen können. Die Autorin schreibt dazu: „Es gibt keine machtfreien sozialen Räume; es gibt nur die Frage, ob in ihnen ‚behindernde Macht' oder ‚begrenzende Macht' vorherrscht und wie die erstere in die zweite umgewandelt werden kann." Einen anderen Zugang zum Thema Macht vertritt Winnie Tomm (1989), die „den sozialen Ausdruck persönlicher Macht" beschreibt mit der Aufforderung, repressive Strukturen so zu verändern, daß sie von einer Ethik des Ausschlusses (von Frauen) zu einer Ethik gemeinsamer Bewußtheit zwischen

Frauen und Männern führen. Dabei definiert sie Möglichkeiten solcher Prozesse handfest, indem sie vorschlägt, wie Frauen mit dem Bewußtsein ihres eigenen Raums und ihrer eigenen Kultur eine „Macht des Seins" ausüben können, welche der Macht des Habens gegenübersteht. Esther Fischer-Homberger beschreibt in „Psychotherapie und Krankheit Frau" (1988) traditionelle männliche und traditionelle weibliche Formen des Umgangs mit Ressourcen. Sie verweist auf ihre unterschiedlichen Bewältigungsformen sowie ihre „machtgeborenen und machtschaffenden" Abhängigkeiten. Ich bin der Meinung, daß Macht als „Metapher" oder als „Auffassungssache" ein typisches Beispiel einer Tautologie ist, indem Psychisches mit Psychischem, Kognitives mit Kognitivem erklärt wird, ohne Zusammenhänge von Kognition, Emotionen, Kultur und Gesellschaft herzustellen. Und ich werde das mulmige Gefühl nicht los, daß die Flut von sinnfernen Abhandlungen darüber, warum der Begriff „Macht" eine Metapher oder ein Mythos sei und gestrichen werden sollte aus unserem professionellen Vokabular, bereits zur Verdunkelung beigetragen hat. Es macht Sinn, auch hier nach weiblicher Art, von unten nach oben und konkret auf Einzelfälle bezogen, das Thema zu erhellen. Das bedeutet, Familien- und Arbeitswelten immer auch unter dem sozio-ökonomischen Aspekt der Verteilung von Arbeit, Geld, Bildung sowie der sozialen Mitgliedschaften im Verhältnis der Geschlechter zu betrachten.

Folgerungen für die systemische Therapie
Die Ausgangslage für den fairen Umgang mit Kollegen und Kolleginnen sowie für nicht-sexistische Therapie, ist meiner Meinung nach einfach: Nur wer selber in einem Kontext lebt und arbeitet (und für diesen Mitverantwortung trägt!), in welchem Meinungen, Positionen und Rollenerwartungen sowie Geld verhandelbar sind statt als heimliche Gesetze festgeschrieben, kann Klientinnen und

Klienten dieselben Entwicklungsmöglichkeiten zugestehen. Wer selber in ausbeutend asymmetrischen Beziehungen lebt und darin verharrt, sei es im privaten oder im öffentlichen Leben, sei es in einer Oben- oder Unten-Position, wird blind sein für ähnliche Verhältnisse bei seinen Klientinnen und Klienten und wird Beratung oder Therapie als Anpassung an das Bestehende statt als gemeinsame Erzeugung neuer Wahlmöglichkeiten betreiben. Ich meine, daß diese Erkenntnis dort besonders wichtig ist, wo wir mit Menschen arbeiten, deren Welt besetzt ist von tradierten asymmetrischen Machtvorstellungen. Nur wer die eigene Welt mitgestaltet, wer die „Macht des eigenen Seins" (Winnie Tomm, op. cit.) beansprucht, kann sie anderen zugestehen, sowohl Frauen als Männern. Das bedeutet: Nur wer als Therapeutin oder Therapeut selber bereit ist, den „Mantel der Sicherheit abzulegen" und dafür mit Improvisation, Durchsetzungsbereitschaft und Lust an der Unberechenbarkeit alles Lebendigen zu leben, wird andere darin unterstützen, ihre eigenen inneren und äußeren Räume zu beanspruchen und zu nützen. Das Wissen, daß das Persönliche verknüpft ist mit dem Politischen, das Einmalige mit dem Allgemeinen, fordert immer wieder zur Einnahme einer Metaposition auf. Dazu gehört die Bereitschaft, die eigene Stimme zu entwickeln und eine Ich-Nähe, die sehend statt blind macht für die Verhältnisse. Nur so können wir den Blick in den Abgrund repressiver Strukturen wagen, aber auch unsere Mittäterschaft (Thürmer-Rohr 1987) daran erkennen. Das wird immer wieder ein Stück Loslassen von lieben Sicherheiten bedeuten und den Preis für Dissens fordern: Du kannst es nicht allen recht machen. Dissens ist eine wichtige Voraussetzung für das Verhandeln von oder aber für den Ausstieg aus behindernden Strukturen!

So wurde es mir selber möglich, lebendig zu bleiben und diese Lebendigkeit auch bei anderen mehr zu lieben als ihre „Bodenlosigkeit des Nicht-Merkens, der Abspaltung, der Lebensferne, sich krampfhaft an sich festhaltend" (Fischer-Homberger, op. cit.). Ich liebe die Lebendigkeit, auch bei jenen Frauen und Männern, welche die Dinge anders sehen, jedoch bereit sind zur offenen Auseinandersetzung statt zum gewalttätigen Dreinschlagen oder zum verklemmten Rückzug in die Welt der traditionellen Deutungs- und Wissensmonopole! Daß diese Haltung des Loslassens mir auch als Therapeutin „aus allen Poren" kommt, ist so selbstverständlich, vor allem unter dem Aspekt der Nichtkontrollierbarkeit von Menschen, daß ich darüber nicht weiter reflektieren will. Herausheben will ich, daß ich kein neues Repertoire an beraterischen Veränderungstechniken anzubieten habe. Ich mag den Machbarkeitswahn nicht mit neuem Inhalt füllen, auch nicht mit dem frommen Wunsch professioneller Aus- oder Aufrüstung zum Leben in der gemeinsamen Emanzipation! Eine ostdeutsche Kollegin (Annegret Krätschell) berichtete mir nach einer Konferenz von Beraterinnen und Beratern aus Ost und West im Licht der neuen Freiheit und Gemeinsamkeit mit Erstaunen von dem dort dominierenden Credo, daß eigentlich alle Probleme lösbar seien, wenn nur die richtigen Techniken angewendet werden: „Wie ist solch ein europäischer, professioneller Einklang möglich – beziehungsweise ist er nicht ein Signal dafür, daß wir uns für die Begegnung mit Klienten und Kolleginnen zu gut gerüstet haben (gerüstet im wörtlichen Sinn)."

Auswirkungen auf die eigene Praxis
Seit es mir „wie Schuppen von den Augen gefallen ist", bin ich viel, viel geduldiger und gleichzeitig mutiger geworden mit Frauen und Männern in Therapie und Beratung. Geduldiger, indem ich nicht mehr davon ausgehe, daß bei gutem Willen doch einfach gleichwertige Formen des Zusammenlebens der Geschlechter gefunden werden können, sondern indem ich meine Arbeit auch als Aufklärung über die Gewöhnlichkeit der strukturellen Asymmetrien

und der Verwirrungen in der „Postmoderne" mit ihren vielen Übergängen verstehe. Ich meine das nicht resignativ, sondern tröstlich. Wenn ich sowohl in Familien als auch in Unternehmungen darauf hinweise, daß ein gleichwertiger Dialog zwischen männlicher und weiblicher Kultur erst möglich wird, wenn die Unterschiede der beiden Kulturen benannt und die Dominanz der männlichen Kultur auf allen Ebenen abgelöst wird durch strukturelle Veränderungen, erlebe ich manchmal, wie ungern harmoniebedürftige Menschen sich diesem Thema zuwenden mögen – genau wie ich selber zur Zeit meiner Blindheit. Mehr Offenheit erlebe ich, wenn ich ohne psychologisierenden Firnis, in alltäglicher Sprache, mit Frauen und Männern, Jungen und Mädchen darüber rede, wie sie ihre Privilegien und ihre Arbeit untereinander konkret aufteilen. Also wer zum Beispiel wann seinen „Schokoladetag" haben möchte, wie das bei uns zu Hause heißt, und wer wann den „Toilettenputztag" und vor allem, wie künftig darüber verhandelt werden könnte. Weil mir eigene Räume nach innen und nach außen so unendlich wichtig geworden sind, daß ich nie mehr hinter diesen Anspruch zurückgehe, solange ich mein Leben beeinflussen kann, gönne ich solche „Räume" auch meinen Klientinnen und Klienten. Gönnen, nicht verschreiben, darin liegt ein wesentlicher Unterschied! Ihnen alternative Geschichten erzählen und den Speck durch den Mund ziehen, bis sie Lust haben, eigene „Räume" selber zu beanspruchen, das tue ich gerne. Aber entscheiden und wählen, das tun sie selber.

Wie neutral bin ich in bezug auf die Geschlechterfrage?
Da ich – aus eigener Erfahrung – noch nie der Ideologie der einseitigen Kontrollierbarkeit von Menschen aufgesessen bin, erscheint mir das Neutralitätspostulat in der systemischen Therapie eher als Einladung, Unterschiede in den Wirklichkeiten von Frau und Mann zu verschleiern als dafür Lösungen zu finden. Wer lange und sorgfältig beob-

achtet, weiß, wie viel leichter Menschen stimuliert werden, Alternativen zum Bisherigen zu entdecken und neue Wege zu wählen, wenn sie die Erlaubnis bekommen, bisherige Tabus zu brechen und in Sprache zu fassen. Indem sie dem „Verbotenen" Gestalt geben, können sie neue Beziehungsgestalten entwerfen und experimentieren mit der Frage, die Helga und Kurt Hahn (in Kap. 1) sich gestellt haben: Was will ich künftig, was auf keinen Fall mehr, und was bin ich bereit, dazu beizutragen. Natürlich ist bei Paaren damit die Gefahr verbunden, daß der eine oder andere Partner entscheidet, eher loszulassen als krampfhaft festzuhalten. Als Begleiterin auf einem solchen Weg der Trennung achte ich sorgfältig darauf, daß er Schritt um Schritt gemeinsam gegangen wird – und dennoch jeder Partner in Einzelgesprächen Raum bekommt zum Entwickeln persönlicher Zukunftsszenarien. Vielleicht werden aus den Luftschlössern schließlich kleine, dafür solide Häuser gebaut – entworfen von Menschen, die jetzt besser wissen, was sie selber wollen.

Ob meine Anregungen und das Lust-Machen auf die eigene Lebendigkeit von Frau und Mann, auf ihre Macht des Seins statt des Habens, neutral sind oder nicht, kümmert mich eigentlich wenig. Wichtig ist mir, daran zu denken, daß ich das, was mir und meinem Partner im eigenen Leben an Gleichberechtigung zwischen Frau und Mann gelungen ist, zwar als positive Landkarte im Hinterkopf mitführe – daß aber diese Landkarte nicht unbedingt paßt zur „Landschaft" einer einmaligen Frau und eines einmaligen Mannes, die vor mir sitzen oder denen ich in der Arbeitswelt begegne.

Männer

Daß Frauen – viele, nicht alle – auf innere und äußere Räume viel zu leicht verzichten, ist inzwischen klar geworden. Aber viele Männer tun es auch, einfach auf andere Art. Oft stecken sie schon als Jungen das Eigene zurück, passen sich an Ziele an, die andere für sie setzen, und finden private Räume bloß noch im Rückzug in leerschluckendes, depressives Schweigen, vor allem, wenn sie mit Frauen zusammen sind, oder im Rivalisieren in Männerbünden, wo über alles, bloß nie über Persönliches geredet wird. Dabei vergessen sie leicht, daß sie einmal leidenschaftlich Trompete spielten oder daß sie einen schönen, tanzlustigen Körper hatten. So autonom sie in der Welt draußen funktionieren und so sehr sie auf berufliche Ziele bezogen sein mögen, sind sie doch oft so Ich-fern wie ihre Frauen, bloß auf andere Weise, und dabei emotional so abhängig von Frauen wie diese instrumentell abhängig sind von Männern. Aber damit sage ich wohl nichts Neues. Das heißt – und damit werde ich therapeutisch handfest –, ich frage im einmal vereinbarten Beratungsgespräch nicht bloß, wer meint, wer sich wann wie verhalten würde oder wer sich mehr oder weniger wohl fühlen würde, falls ein Wunder geschähe. Ich frage zum Beispiel ganz banal, wer welche Räume in der Wohnung, welche Schubladen oder Ecken, ganz allein für sich haben möchte und wohin er oder sie sich straflos zurückziehen darf, wenn das Bedürfnis für Rückzug besteht. Oder auch, wer entscheidet, wieviel Geld verdient werden soll und durch wen und wie es auszugeben ist. Ich frage, wie Frau, Herr, Sohn und Tochter X. zu ihrem *Schokoladetag* kommen, wenn sie einen möchten – ohne Auskunftspflicht darüber, wie sie ihn verbringen. Ich frage auch konkret nach, wer wofür Verantwortung übernehmen oder abgeben möchte. Das alles meine ich nicht metaphorisch, so quasi „Kühlschrank abtauen steht für Sexualität", sondern konkret, handfest. Wobei nicht auszuschließen ist, daß Sexualität und eine faire Verteilung der Haus- und Putzarbeit etwas miteinander zu tun haben!

Mir scheint, daß in einer Welt der abstrakten Verbildlichung und Versprachlichung von Beziehungen – *wir müssen über unsere Beziehung reden* – mit konkreten Fragen nach den eigenen und gemeinsamen Räumen, nach Schokoladetagen und Putztagen, wieder Sinnlichkeit in das Leben von Frauen und Männern, Mädchen und Jungen kommt. Eine Form von Sinnlichkeit im Alltag, die übrigens häufig dort mangelt, wo Symptome geschlechtsbezogen sind. Die Eßstörungen junger Frauen oder die Zerstörungswut von verwöhnt-gebundenen jungen Männern, die Depression in der Lebensmitte von Frauen oder das süchtige Verhalten von Männern – sie alle machen eher Sinn, wenn sie auch unter dem Aspekt weiblicher und männlicher Biographien und sozialisierter Rollen verstanden werden. In anderen Worten: Ich unterstütze in der Therapie Männer gerne und kraftvoll darin, eigene Räume zu beanspruchen, solange sich diese nicht erschöpfen in der Partizipation am sogenannt „Weiblichen", sondern zu konkreten Strukturveränderungen in der Familien- und Arbeitswelt beitragen; Schokoladetage sowohl als Toilettenputztage auch für Männer. Und ich meine, daß es höchste Zeit ist, daß Männer ihre persönliche Stimme finden, eine Stimme, die nicht allgemein menschliche Erfahrung – *es ist halt so* –, sondern eben ihre eigene „Macht zu sein" reflektiert. Für viele Männer bedeutet diese Stimme auch, daß sie Worte finden für das, was z. B. der Verlust der nährenden Mütter oder der sich selbst aufopfernden Frauen für sie bedeutet, die ihnen auf einmal nicht mehr den Rücken frei halten – statt daß sie davonlaufen oder gewalttätig werden.

Matriarchat statt Patriarchat?
Wo immer ich feststelle, daß in einer Institution weiblicher Kultur und weiblichen Entscheidungsmöglichkeiten geringere Wertschätzung als traditionell männlicher Kultur und Macht gezollt wird, nehme ich an, daß diese Situation für beide, Frauen und Männer, invalidisierende Wirkungen hat (Michel-Alder 1991). Aber ich habe gelernt, auf solche invalidisierenden Verhältnisse bloß hinzuwei-

sen, wenn ich als Beraterin die Erlaubnis von Klientinnen und Klienten bekomme, das Thema Abschied vom Monopol männlicher Kultur und gleichberechtigte Etablierung weiblicher Kultur auf den Tisch zu bringen. Das tue ich dann mit Erfahrung und großer Lust. Mein Anliegen ist dabei keinesfalls, anstelle des Patriarchats nun das Matriarchat zu propagieren, so im Stil „Frauen sind die besseren Menschen". Zwar beweist die Forschung, daß die gesellschaftliche Ordnung nicht immer und überall von Männern dominiert war. Aber der Ersatz einer hierarchischen Gesellschaftsordnung durch eine andere würde den bisherigen Geschlechterkampf bloß mit neuen Vorzeichen versehen (Meier-Seethaler 1988). Idealisierungen von Weiblichkeit oder „Weibheit" tragen schließlich, wie jede Idealisierung, den Keim der Entwertung in sich. Baumgardt (1991) schreibt zur Geschlechterfrage bei C. G. Jung, dessen Werk sie weitgehend anerkennt: „In diesem Zusammenhang sei an die nationalsozialistische Blut- und Bodenideologie erinnert, die unter anderem auch C. G. Jung in seinem Artikel ‚Die Frau in Europa', Zürich 1932, übernahm."

In unserem eigenen Ausbildungsinstitut für systemische Therapie und Beratung versuchen wir seit zwölf Jahren ein Miteinander von weiblicher und männlicher Kultur, und ich kann nur sagen, daß es anregend und positiv, aber nicht immer einfach ist. Die sozialisierten stereotypen Bilder, die eben doch auch am biologischen Geschlecht und an den Professionen und nicht bloß an Ideen festgemacht werden, sitzen auch in unseren Köpfen. Es gibt bei uns eine – durch geographische Distanzen und Geschichte bedingte – formelle Hierarchie, indem ich als Frau unsere Geschäftsstelle leite, es gibt jedoch eine Vereinbarung der Gleichberechtigung in der gemeinsamen Entwicklung theoretischer und praktischer Konzepte. Wie dieses Netzwerk von autonomen Kolleg/innen im Rahmen unserer Arbeitsgemeinschaft sich entwickeln wird, steht zur Verhandlung offen. Aber es wird immer wieder verhandelt, nicht einseitig durchgesetzt, und das ist der Unterschied, der einen wichtigen Unterschied ausmacht.

Literatur

Baumgardt, U. (1991) (unveröffentlichtes Manuskript); Bock, G. (1988): Geschichte, Frauengeschichte, Geschlechtergeschichte, Geschichte und Gesellschaft 14; Flemons, D. G. (1989): Konsens – Dissens. Eine relationale Alternative zur Macht-Metapher, in: Zeitschrift für systemische Therapie 7: 3; Fischer-Homberger, E. (1988): Psychotherapie und „Krankheit Frau", in: C. E. Heider, Schwender/Weiss (Hrsg.): Politik der Seele, Reader zum Gesundheitstag, 1987 Kassel; Gleym, H. (1988): Working together: Women and men. London. European Women's Management Development Network (EWMD); Haller, G. (1990): „Die sogenannte Krise als sogenannte Chance" von Yvonne-Denise Köchli, Weltwoche Nr. 31; Irving, J. (1990): Owen Meany, Roman, Zürich (Diogenes); Jellouschek, H.: Wie Partnerschaft gelingt, Freiburg, Verlag Herder 1998; Krüll, M. (1986): Ist die „Macht" der Männer im Patriarchat nur eine Metapher? Zeitschrift für systemische Therapie, 4: 4; Meier-Seethaler, C. (1988): Ursprünge und Befreiungen, Zürich (Arche); Michel-Alder, E. (1991): Strategen, Kapitäne, Gärtnerinnen und Musiker, Management Zürich, 6/91; Levold, T. (1986): Die Therapie der Macht und die Macht der Therapie. Über die Wirklichkeit des Sozialen, Zeitschrift für systemische Therapie, 4: 4; Ockel, H. (1990): Beziehungen zwischen individueller und kollektiver Identitätssuche, Praxis der Kinderpsychologie und Kinderpsychiatrie 39: 203–210; Staub-Bernasconi, S. (1986): Macht – eine Erklärung. Beitrag an der Impulstagung für Frauen in Sozialen Berufen: „Macht macht Mühe", Paulus-Akademie, Zürich; Thürmer-Rohr, Ch. (1987): Vagabundinnen, (Orlanda Frauenverlag); Tomm, W. (1994): Ethics and self-knowing: The satisfaction of desire, Feminist Ethics. Indiana U-Press; Reiter, L. (1990): Identität aus systemtheoretischer Sicht, in: Praxis der Kinderpsychologie und Kinderpsychiatrie 39: 222–228; Rücker-Embden-Jonasch I. & A. Ebbecke-Nohlen (1992): Balanceakte, Carl Auer, Heidelberg; Welter-Enderlin, R. (1989): Wer hat Angst vor Virginia Woolf, und vor wem hat sie Angst? Zeitschrift für systemische Therapie. 7: 2; (1987): Familismus, Sexismus und Familientherapie, Familiendynamik 12: 3.

KAPITEL 7

Mythos und Wirklichkeit von Multi-Problem-Familien

Geschichten von Wandel in Bauern- und Migrationsfamilien

Ich möchte zu Beginn eine Geschichte zu einer Fotografie aus dem Emmental erzählen. Es handelt sich um eine Bauernfamilie, bei der vier Generationen am Eßtisch sitzen. Das Bild aus den 50er Jahren strahlt Geborgenheit aus. Die Familienmutter in der geblümten Schürze verteilt allen die Rösti, Großmutter hält den Jüngsten der drei Kinder auf dem Schoß, Urgroßmutter trinkt Kaffee aus der bauchigen Tasse, und Großvater und Vater warten, bis sie von der Familienfrau bedient werden. 40 Jahre später ist die Idylle umgekippt, und eine Familie mit sehr vielen Problemen sitzt am selben Tisch. Vieles hat sich seither verändert, und vielleicht war auch damals schon die Idylle trügerisch. Wenn wir uns vorstellen, daß damals drei Frauengenerationen sich in eine Küche teilen mußten und zwei Männergenerationen die Arbeit und deren Ertrag im Stall und auf dem Feld verantworten, war das vielleicht schon damals eine Familie mit Problemen. Aber sie überlebte vermutlich ohne äußere Hilfe, weil der wirtschaftliche Rahmen zwar eng, aber stabiler war als heute und weil jeder in der Familie seinen festen, durch soziale Normen definierten Ort hatte.

Hier sehen wir das Genogramm einer ähnlichen Bauernfamilie 40 Jahre später mitsamt ihrem Helfersystem, das von der „Multi-Problem-Familie Burri"* redet.

---

* Name geändert

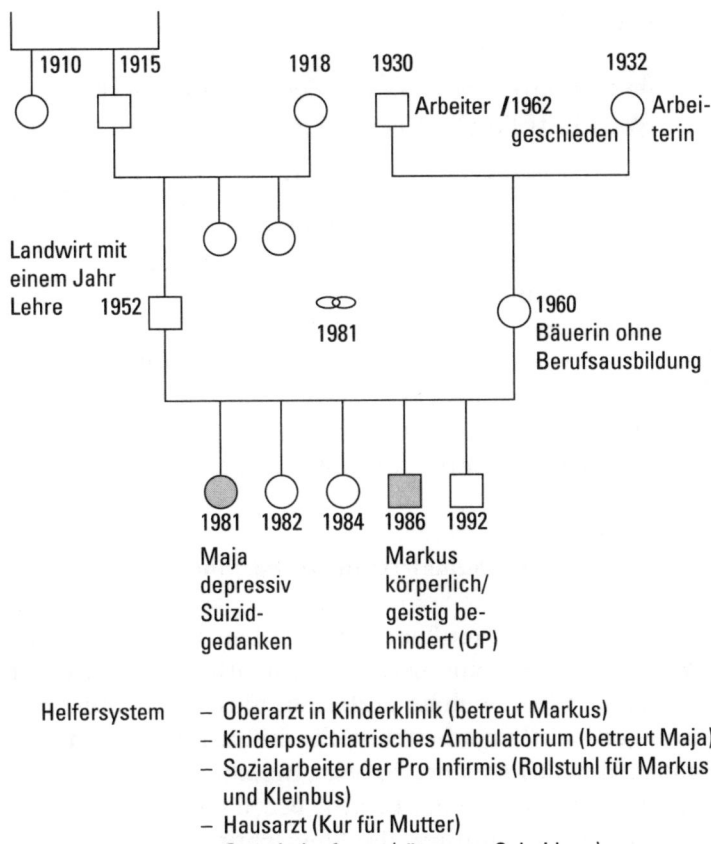

Helfersystem
- Oberarzt in Kinderklinik (betreut Markus)
- Kinderpsychiatrisches Ambulatorium (betreut Maja)
- Sozialarbeiter der Pro Infirmis (Rollstuhl für Markus und Kleinbus)
- Hausarzt (Kur für Mutter)
- Gemeindepfarrer (rät gegen Scheidung)

Ich habe 1994 die Situation der „Multi-Problem-Familie" Burri als Supervisorin des Kindertherapeuten von *Maja* kennengelernt, welche im Unterricht dem Pfarrer gegenüber Suizidideen äußerte, nachdem der Vater die Mutter am Eßtisch – an dem auch in dieser Epoche die ältere Generation sitzt – wieder einmal als „schwachsinnigen Krüppel" bezeichnet hat. Der Kindertherapeut, der eine Ausbildung in systemischer Therapie macht, kommt mit der Frage nach dem geeigneten Setting in die Supervision. Seine

Arbeit mit dieser Familie und dem größeren System hat nämlich eben erst begonnen. Daß ich die Geschichte hier erzähle, hat unter anderem mit der fragwürdigen Bezeichnung der Multi-Problem-Familie zu tun, mit denen Burris im Helfernetz etikettiert sind. Ich habe im Kollegenkreis nach Assoziationen dazu gefragt, und es kamen immer wieder dieselben Bilder: Multi-Problem-Familien sind
- alleinerziehende Mütter, z. B. nach Scheidung,
- Ausländerfamilien,
- randständige „Unterschicht"-Familien,

alle mit schweren ökonomischen und psychischen Problemen, z. B. Arbeitslosigkeit, Sucht, Gewalt, chronischen Krankheiten, Schulproblemen der Kinder. Die „heile Welt" der Bauernfamilie war nie dabei!

1. Zum Begriff „Multi-Problem"-Familie

Es waren zuerst amerikanische Familientherapeuten, wie z. B. der Kinderpsychiater und Familientherapeut Salvador Minuchin (1967), welche in der Nachkriegszeit mit randständigen Familien arbeiteten, die den Begriff prägten. Die Familienbilder aus jener Epoche, welche von Soziologen als goldenes Zeitalter der Familie bezeichnet wird, zu dem Multi-Problem-Familien als Abweichung definiert wurden, sind als Ideal noch lebendig. Dazu Evan Imber-Black (1992):

„Ein großer Teil unserer psychosozialen Dienstleistungsnetze stammt aus einer Zeit, die die Kernfamilie verherrlichte, die Zusammengehörigkeit in der Familie betonte und abweichende Familien als anormal bezeichnete."

Ich habe in der familientherapeutischen Literatur die Benützung des Begriffs Multi-Problem-Familie verfolgt und eine interessante Geschichte gefunden. Am häufigsten tauchte er zur Zeit des goldenen Zeitalters der Familie auf, die übrigens zusammentrifft mit der Zeit des kalten Krieges, wie die Historikerin Tyler May (1988) aufzeigt: Je kälter die Welt draußen, desto aufgeheizter die Binnenwelt, desto normativer auch die Familienbilder. In der zweiten Hälfte der 60er Jahre revidierte Minuchin (op. cit.) den Begriff zu „Disorganized Low Socioeconomic Families". Ob unsere Emmentaler Familie mit den Beschreibungen von Desorganisation und niedrigem sozio-ökonomischen Status gemeint sein könnte, bezweifle ich allerdings ... Im American Journal of Orthopsychiatry erschien dann 1975 eine Arbeit mit dem Titel ‚The Myth of the Multi-Problem-Family' (Andrew L. Selig). Darin schrieb er (meine Übersetzung): „Das Konzept ‚Multi-problem-family' ist ein Mythos, wenn wir Familien im Kontext des Gestrüpps der Helfersysteme betrachten. Die größeren Systeme, fragmentiert und unkoordiniert, tragen eher zu Desintegration, Familienkonflikten und individuellen Ängsten bei als diese zu beheben."

Der enge Fokus auf den identifizierten „Patient Familie", der durch das gleichnamige Buch von H. E. Richter (1970) in die deutschsprachige Fachliteratur eingeführt wurde, ist inzwischen sowohl in psychoanalytischen wie in systemischen Kreisen als eine reduktionistische Verschiebung der sog. Pathologie vom Kind auf die Eltern bzw. auf die ganze Familie erkannt worden, die wenig hilfreich ist. Wenn wir davon ausgehen, daß Sprache Wirklichkeit erzeugt, erkennen wir, daß der Begriff Multi-Problem-Familien ähnlich wie beispielsweise das Konstrukt „Risikogesellschaft" (Beck, 1986) auf die Gefahren und die mögliche Schädlichkeit menschlicher Beziehungen, aber nicht auf deren Chancen und Ressourcen fokussiert. Daß der Begriff Multi-Problem-Familie in den 90er Jahren an verschiedenen Orten wieder auftaucht, ist interessant. Im Juli 1994 fand in Plymouth GB ein Internationaler Kongreß für Angehörige von Mental Health Institutionen zu demselben Thema, jedoch unter dem Titel „Empowering People in Families" statt, zu dem ich eingeladen wurde. Ich beobachtete, daß damit keineswegs an die Tradition der 50er Jahre angeknüpft, sondern im Gegenteil die Vielfalt moderner Familienformen angesprochen wurde, die weniger an einer bestimmten Struktur oder Norm als an der Qualität ihrer Beziehungen – nach innen und nach außen – bewertet werden. In der Zwischenzeit wurde offenbar einiges verändert, zum Beispiel in der therapeutischen Respektierung vielfältiger Familienformen in Verbindung mit sozialem Wandel. Heute geht es statt um Klassifizierung funktionaler und dysfunktionaler Familienmodelle eher um die Frage, wie wir Vulnerabilität, aber auch Ressourcen jeder Familienform und bei jedem ihrer Mitglieder in bezug auf Übergangskrisen in Verbindung mit radikalen Veränderungen im Makrosystem Gesellschaft – z. B. der Arbeitswelt – erkennen können. Es gilt herauszufinden, was für therapeutisch-beraterische Möglichkeiten wir haben, die familiale Selbstorganisation bzw. ihr „Coping-Potential" in der Vernetzung mit allen zur Verfügung stehenden medizinischen, psychologischen und sozialen Ressourcen zu unterstützen.

Meine Frage bezieht sich hier darauf, wie unter vielfältigen Perspektiven und mit einem Konzept, das wir in Meilen als „systemische Therapie in der Begegnung" (Hildenbrand, Welter-Enderlin, 1996) beschreiben, Individuen und ihre Familien im Kontext von größeren Systemen verstanden und begleitet werden können. Dabei hat kein Element Vorrang vor dem anderen. Es sind bei der Familie Burri nicht allein die Behinderung von Markus oder die Suiziddrohungen von Maja und auch nicht allein die schwierige Ehe oder die nicht erfolgte Ablösung von den Eltern durch Herrn Burri, die sich in der Aufschiebung der Hofübergabe manifestiert, welche die Familie krank machen. Es ist auch nicht allein die Fragmentierung im Helfersystem, die Streß erzeugt, sondern alle diese Faktoren wirken aufeinander ein und chronifizieren eine bereits bestehende problematische Situation.

Ich möchte mein Thema unter folgenden Aspekten etwas genauer beleuchten:
1. Multiperspektivische Sichtweisen als Zugang zur Vielfalt menschlicher Probleme
2. Franco: Ein Fallbeispiel und sein Verlauf
3. Systemisches Denken, Handeln und Diagnostik
4. Spezielle therapeutische Anliegen im Gestrüpp von Individuum, Familie und Institutionen
5. Das Bedürfnis nach Flexibilität im therapeutischen Rollenverständnis.

1. Multiperspektivische Sichtweisen

Sie eröffnen Möglichkeiten des Verstehens und Erkennens von Wirkungszusammenhängen, wie sie in einer engen Sicht auf einen definierten Patienten oder eine Patientin, auf den „Patient Familie" oder das „Mutter-Kind-Verhältnis" verschlossen bleiben, weil damit Therapie als Reparaturwerkstätte zur Behebung spezifischer Defizite verstanden wird. Individuum, Familie, Biographie, Milieu sowie der weitere sozio-kulturelle Rahmen gehören in meinem Verständnis genauso zum relevanten therapeutischen System wie die Professionellen in ihrem persönlichen und institutionellen Kontext. „Relevantes System" meint zuerst einmal eine Sichtweise und gibt noch keineswegs vor, wer wann und zu welchem Zweck am therapeutischen Prozeß teilnimmt oder ihm fernbleibt. Die Beantwortung dieser Frage hängt vom jeweils zu lösenden Problem ab sowie vom Einverständnis der Beteiligten und kann nicht ein- für allemal beantwortet werden. Vorab möchte ich nochmals an ein paar Grundsätze systemischen Denkens erinnern, wie Kurt Ludewig sie (1992) beschreibt.

Was heißt „systemisch"?
– Systeme sind Konstrukte der menschlichen Erkenntnis und keine Modelle objektiver Sachverhalte (also nicht Individuen oder Familien).

- Systemisches Denken ist keine Theorie – weder eine erklärende noch beschreibende –, sondern eine Sichtweise, ein Paradigma, eine „Kultur".
- Systemisches Denken verflüssigt den traditionellen analytischen Diskurs und bildet eine neue Synthese. Darin fungiert der Mensch als Erfinder und Bewahrer seiner geistigen Welt.

Zum Thema „Erkennen"
- Erkenntnis dringt nicht in verschlossenes Terrain ein, sondern „kartographiert" (beschreibt) dieses.
- Alle Beschreibungen von Beobachtetem (nicht von der Sache selber) stützen sich auf Vergleiche beziehungsweise Unterschiede und verweisen auf ihren Urheber zurück.
- Erkennen und Wandel sind untrennbar miteinander verknüpft:
Willst du erkennen, lerne zu handeln.
Willst du handeln, lerne zu erkennen.

Zum Thema Menschenbild und Ethik
- Das Ich entsteht und verwirklicht sich nur im Miteinander mit einem unabhängigen Du, also im Wir.
- Menschen müssen ihr Miteinander über konsensfähige Normen regeln.

2. Franco: ein Fallbeispiel und sein Verlauf

Am Fallbeispiel von Franco und seiner „Multi-Problem-Familie" möchte ich nun konkret therapeutisches Denken und Vorgehen skizzieren, wie wir es in unserer Arbeitsgemeinschaft verstehen.

Genogramm von Francos Familie:

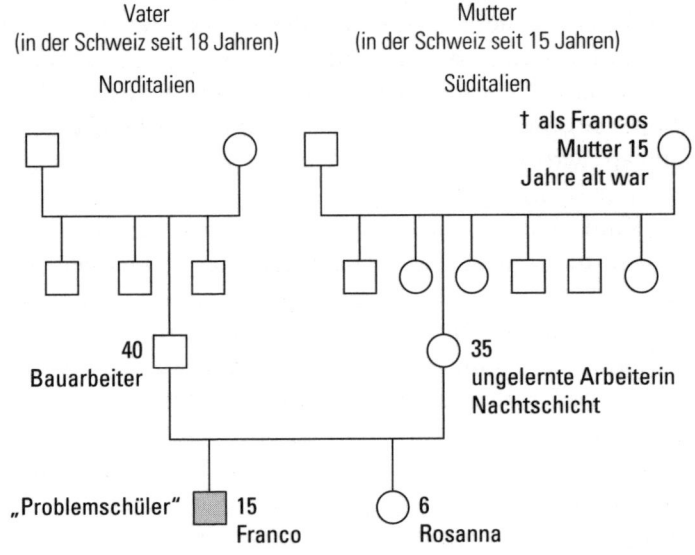

Franco
- Im Kindergarten erste Symptome (aggressives Verhalten)
- Seither 3 Abklärungen durch Schulpsychologen und Kinderpsychiater
- 4 Jahre Spieltherapie
- 4 Jahre psychomotorische Therapie
- 3 Jahre Nachhilfestunden und Deutsch für Ausländer

Bei Franco handelt es sich, wie sein Genogramm zeigt, um einen 15jährigen Schüler der Realschule, welcher die ersten Lebensjahre in Italien bei seiner Großmutter verbrachte, während beide Eltern in der Schweiz arbeiteten. Vor dem Eintritt in den Kindergarten holten sie ihn in die Schweiz, weil die Großmutter erkrankte. Schon im ersten Jahr in der Schweiz fiel er durch verängstigtes, unsicheres, aber auch trotzig-aggressives Verhalten auf. In ihrer Verzweiflung brachten ihn die Eltern ins „Asilo", ein von Ordensschwestern geführtes Wocheninternat. Im dortigen Kindergarten wurde Franco zum ersten Mal schulpsychologisch abgeklärt und die Einschulung in die zwei Jahre dauernde erste Klasse empfohlen. Seit der ersten Zeit in der Schweiz war Franco in einer Außenseiterposition, und seine Symptome verstärkten sich. Eine Kindertherapie wurde von der lokalen Schulbehörde angeordnet. Sie dauerte vier Jahre. Als Franco neun Jahre alt war, kam seine jüngere Schwester Rosanna zur Welt. Die Eltern beschreiben sie als ein fröhliches, unauffälliges Kind. Franco wurde mir 1988 von der Schulbehörde, die ihn inzwischen als gefährlichen Psychopathen beschreibt, zur „Familientherapie" überwiesen. Er schwänzt die Schule, stiehlt und schlägt schwächere Kinder und ist weitherum als „Randalierer" gefürchtet. Die Lehrer hätten die Nase voll, erklärt die Präsidentin der Schulbehörde, und möchten Franco am liebsten vorzeitig ausschulen. Die Schule selbst ist zu der Zeit von großen Umbrüchen durch einen Schulversuch betroffen. Es handelt sich dabei um die Einführung einer abteilungsübergreifenden Oberstufe.

Fallaufnahme
Es gibt ein dickes Bündel Akten von Abklärungen und Diagnosestellungen. Soll ich als Therapeutin sie bei den verschiedenen Stellen anfordern? Ist das, was die zuständige Schulpsychologin damals bei Francos Schuleintritt oder der Kinderpsychiater vor einem Jahr festgestellt hat, heute von Bedeutung? Und wie steht es mit Francos Kindertherapie im Alter von 9 bis 12 Jahren? Soll ich mich der „Definitionsmacht" aller bisherigen Experten unterstellen oder mit den jetzt Beteiligten und den Betroffenen eine gemeinsame Definition von Francos Problemen sowie Pläne für deren Lösung entwerfen? Ich entscheide mich zu einem „sowohl als auch", indem ich zuerst Franco und seine Familie einlade als Vorbereitung zu einer gemeinsamen Konferenz mit allen, die sein Problem mitdefinieren. Das heißt, ich lade Francos Familie nicht ein, um eine „Familientherapie" zu beginnen, sondern als Möglichkeit einer ersten Begegnung

und als Voraussetzung zum Verständnis von Francos Situation im Kontext von Familie, Schule und Helfersystem sowie zur Begründung eines möglichen Arbeitsbündnisses. In meiner Sicht wäre es ein Kunstfehler gewesen, den Auftrag der Schulbehörde einfach fraglos auszuführen. Die Schulbehörde wie auch alle anderen Menschen, welche Francos Probleme mitdefinieren, gehören meines Erachtens zum diagnostisch-therapeutischen Prozeß, oder anders gesagt, zur fortlaufenden Hypothesenbildung und zu den zukünftigen Lösungsversuchen.

Die Teilnehmenden an der Helferkonferenz:

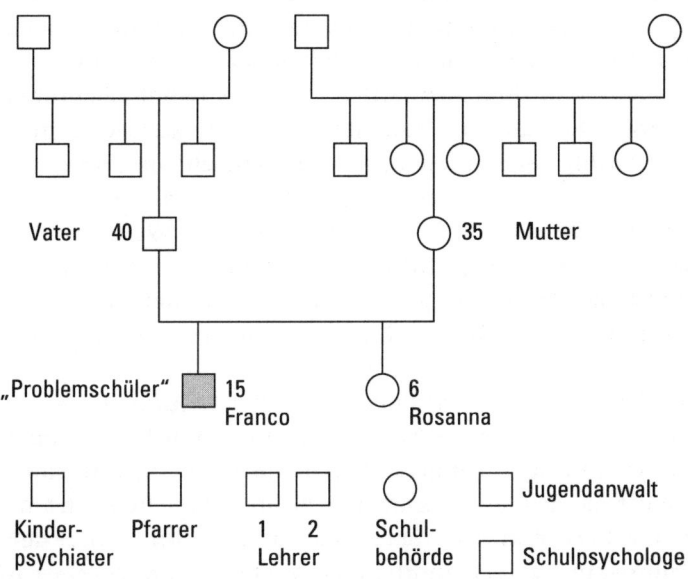

Anwesend sind die Eltern, später Franco und Rosanna (die Kinder bleiben zuerst im Wartezimmer), die Präsidentin der Schulbehörde, die Schulpsychologin, der Jugendanwalt, Francos zwei Hauptlehrer sowie – auf Wunsch der Eltern – der Pfarrer der Missione Cattolica, bei dem er den

Religionsunterricht besucht. Meine Erfahrung zeigt, daß eine betroffene Familie auf meine Fragen nach hilfreichen Menschen oft solche nennt, die dann als wichtige Ressource eine Helferkonferenz prägen. Ich leite das gemeinsame Gespräch, das der Erhebung der verschiedenen Perspektiven aller Beteiligten sowie bisheriger Lösungsversuche und der jetzigen Anliegen dienen soll. Die Sichtweisen der Teilnehmenden sind die folgenden:

Die Schulpsychologin
Sie macht einen begrifflich-klassifikatorischen Versuch („durchschnittlich intelligent, emotional retardiert"), um die Erscheinungsvielfalt von Francos Erfahrungen und Verhaltensweisen zu ordnen und daraus Begründungen für das bisherige therapeutische Handeln sowie Empfehlungen für weiteres Vorgehen abzuleiten. Dadurch, daß die Schulpsychologin bei der gemeinsamen Konferenz auch Geschichten erzählt und nicht nur „taxonomisch" referiert, verknüpft sie ihre diagnostischen Kategorien mit Francos Lebenswelt in Schule, Familie und am Wohnort. Das heißt, sie stellt einen hilfreichen Bezug zu Francos biographischem und soziokulturellem Kontext her, der in den psychologischen Tests selber nicht angelegt ist.

Die Überweiserin und Präsidentin der Schulbehörde
Mein Anliegen bei der Konferenz ist das Aushandeln eines klaren Auftrages mit der Frage an sie, ob die Schulbehörde gewillt ist, Franco eine weitere Spanne von Versuch-und-Irrtum-Lernen zuzubilligen. Oder will sie ihn – unter dem Druck seiner zwei Hauptlehrer – raschmöglich ausschulen? Und wie steht es dann mit der von ihm gewünschten Elektrikerlehre nach dem Schulabschluß? Die Vertreterin der Schulbehörde macht in Anwesenheit aller deutlich, daß eine Ausschulung keineswegs in Frage komme, daß aber auch Francos Lehrer Unterstützung durch die Behörde, die Eltern und die Therapeutin brauchen.

Der Jugendanwalt
Er berichtet von zahlreichen Delikten (Diebstahl in der Turnhalle und am Kiosk, Überfall auf eine Zeitungsausträgerin und auf einen jüngeren Mitschüler), einem damit verbundenen Strafverfahren sowie der bereits bestehenden Vereinbarung, daß Franco durch Arbeit in einer öffentlichen Einrichtung der lokalen Kioskfrau und der Zeitungsausträgerin einige Hundert Franken für Diebstähle zu bezahlen habe. Seine Meinung ist, daß Franco von den in Schicht arbeitenden Eltern vernachlässigt wurde und von der Einweisung in ein Kleinheim profitieren würde.

Die beiden Hauptlehrer von Franco
Sie reagieren sehr irritiert auf meine Einladung, am freien Mittwochnachmittag zur Konferenz zu kommen und sagen, sie hätten die Nase voll und möchten Franco so schnell als möglich los werden. Sie berufen sich auf alles, was für ihn therapeutisch schon getan wurde und reden von der Chronifizierung von Francos Problemen durch Therapie. Aufgrund der Intervention der Präsidentin der Schulbehörde lassen sie sich zu einer vorläufigen Kooperation gewinnen. Sie vereinbaren regelmäßige Gespräche im Schulhaus mit mir, mit Franco und ab und zu mit seinen Eltern.

Der Pfarrer der Missione Cattolica
Er entpuppt sich als die wichtigste Ressource in diesem gemeinsamen, vom Fokus auf Francos Defizite geprägten Gespräch, dem auch die Eltern nichts entgegenzusetzen haben. Seine positive Beschreibung: „Ich habe Franco gern, er ist ein guter Bursche" bricht das Eis. An dieser Stelle der Konferenz beginnt die 6jährige Schwester zu weinen, dann auch Francos Mutter – ein fühlbares Aufatmen macht sich bei der Familie bemerkbar. Franco selber erscheint von nun an weniger bockig. Zusammen treffen wir erste konkrete Vereinbarungen zwischen Lehrern, Schüler, Eltern und Therapeutin über die gemeinsamen Verhaltenserwartungen.

Zu meinem Vorgehen
Das Prinzip „Willst du erkennen, lerne zu handeln" bewährte sich bereits in diesen zwei ersten Gesprächen, bei denen die Fragen nach dem „woher" und auch nach dem „wohin" gestellt und mit konkreten Vereinbarungen für das geplante Vorgehen aller Beteiligten verbunden wurden. Mein Fallverstehen bzw. die „Diagnose" der Situation konnte aufgrund von ersten Veränderungsschritten von Franco und seinen Eltern vertieft werden. Gleichzeitig zeigte sich noch immer deutlicher Widerstand bei den Lehrern und später bei den Schulkolleg/innen von Franco gegen dessen „Sonderbehandlung". Den Widerstand der Lehrer versuchte ich als Hinweis auf ihre Unsicherheit zu verstehen und nicht als Versagen oder Bosheit zu interpretieren. Ich bin anschließend noch sorgfältiger auf Francos bisherige Schulgeschichte und das Leiden für ihn und seine Lehrer eingegangen – einer Geschichte, die zwar neu zu schreiben war, aber erst nachdem durch das Erzählen Anerkennung für die vielen bisherigen Anstrengungen und Lösungsversuche aller Beteiligten möglich wurde. Nicht Francos „Abweichungen von vorgegebenen Normen", sondern das Erkennen von Stressoren und Ressourcen im Umgang mit Schwierigkeiten in seinem Leben interessierten mich, was in meinen Fragen deutlich wurde.

Die Reflexion über die Situation von Migrationsfamilien, ihre spezifischen Ressourcen und Beeinträchtigungen sowie die individuellen Möglichkeiten und Grenzen von Franco leiteten mich bei dieser Therapie. Je nach Situation bezog ich Franco mit seinen Lehrern, Franco allein, seine Eltern, die Familie, den Jugendanwalt und einmal sogar den Dorfpolizisten in den Prozeß ein, als dieser Franco wegen seines frisierten Motorrades bis zu mir in die Praxis verfolgte. Die Therapie bzw. Koordination aller Ressourcen dauerte zwei Jahre mit insgesamt 21 Gesprächen (zu 40 bis 80 Minuten) und verhalf Franco dazu, die Realschule abzuschließen, seine Lehre zu beginnen und später erfolgreich abzuschließen.

Das Erkennen von widersprüchlichen Beschreibungen der präsentierten Probleme sowie von widersprüchlichen Aufträgen veranlaßte mich immer wieder zur Neuverhandlung eines gemeinsamen Vorgehens mit allen Beteiligten. Ich erlebte dabei, in welcher Weise mein vernetztes Fallverständnis und die einzelnen widersprüchlichen Problemdefinitionen sich unserer gängigen Sprachstruktur widersetzten. Es war immer wieder schwierig, die *Gleichzeitigkeit* der ineinanderwirkenden Verhaltensweisen von Franco, Mutter, Vater, Schwester und den Teilnehmern des ‚Makrosystems' sprachlich zu fassen, ohne daß ein Element Vorrang vor dem anderen erhielt. Auch wenn wir in zwei weiteren Konferenzen Francos Situation besprachen, gerieten wir notgedrungen in sprachliche Linearitäten, wie zum Beispiel: „Die Schuldgefühle der Eltern lassen die Mutter verwöhnend, überfürsorglich und den Vater zornig-abwertend reagieren." Oder: „Franco schafft es, die Lehrer gegen sich zu verbünden und hilft ihnen, eigene Konflikte im Lehrerzimmer zuzudecken" (Konflikte, die übrigens nach seiner Ausschulung auf den Tisch kamen, worauf die Lehrer mich um Supervision baten). Eine systemische Definition menschlicher Probleme ist zwar nie linear-vereinfachend im Sinne von, „weil – darum", sondern beschreibt aus vielfältigen Perspektiven beobachtbare Interaktionsmuster. Aber unsere Sprache, die vor allem in problematischen Situationen rasch in Ursache-Wirkungs-Schemata fällt, macht die formal-logische Beschreibung dieser Vielfalt nicht einfach. Gerade deshalb ist sorgfältiges Hinhören auf die Redeweisen sowie die affektiven Botschaften, mit denen Problemlagen und Anliegen durch Experten und Familienmitglieder beschrieben werden, so erhellend für die Bedeutungen, mit der Menschen ihre Erfahrungen versehen.

3. Systemisches Denken, Handeln und Diagnostik
Beim Hinweis auf die Grundlagen systemischen Denkens habe ich bereits die Idee der *Gleichzeitigkeit* von Erkennen und Handeln erwähnt. Ich weiß, daß diese Aussage nicht in allen professionellen Kontexten auf Einverständnis stößt, sondern Therapie oft erst einer ausführlichen diagnostischen Phase folgt. Meine Erfahrung ist jedoch, daß dort, wo sogenannte Abklärung und Therapie *nicht* voneinander getrennt werden, also in den allermeisten kinder- und jugendpsychiatrischen Praxiskontexten, nach diesem Modell gehandelt wird. Das heißt nicht, daß auf den Gebrauch von diagnostischen Tests verzichtet werden sollte – ganz im Gegenteil. Es bedeutet bloß, daß Testergebnisse als *eine* Perspektive unter vielen anderen verstanden werden und daß die Bedingungen, also die Beziehungsverhältnisse, unter denen getestet wird, Teil der entsprechenden Erkenntnis sind. Wenn Testresultate nicht als objektive und daher unveränderbare Fakten verstanden werden, sind sie wichtige Perspektiven auf das unbekannte Land von Menschen in ihrer Lebenswelt, die unsere Unterstützung suchen.

Natürlich gibt es Situationen, zum Beispiel in Forschungsprojekten, in denen Diagnostik nicht explizit mit therapeutischen Interventionen verbunden ist. Gerade da jedoch besteht die Gefahr, im Sinne einer „kontextfreien Diagnostik" zu übersehen, in welcher Weise der sozio-kulturelle Rahmen, in dem Tests angewendet werden, deren Ergebnisse beeinflußt. In meinem Verständnis sind also vielfältige diagnostische Einschätzungen aller an Problemlagen oder Krankheiten Beteiligten zu einem mehrperspektivischen Bild zu fügen. Auf diese Weise werden individuelle und familiale bzw. schulische Symptome in einen umfassenden Lebenszusammenhang gestellt, indem biologische, psychologische und soziale Bedingungen miteinander zu einer Gesamtschau vernetzt werden. Symptome verstehe ich dabei als chiffrierte Codes, die es mit den Beteiligten zusammen zu entziffern gilt und die im weitesten Sinne als Vorboten anstehender, aber noch nicht erfolgter Entwicklungen erkannt werden können. Daß wir als Professionelle uns also kundig machen müssen über die unterschiedlichen Milieus und Kulturen, aus denen Kinder, Jugendliche und ihre Familien stammen und daß dazu neben Fach- und Alltagswissen auch anteilnehmende Neugier gehört, ist für mich selbstverständlich.

4. Spezielle Themen im Gestrüpp von Individuum, Familie und Institutionen

Es gibt in der Theorie der *dissipativen Strukturen*, wie sie von Ilya Prigogine entwickelt und von Fivaz und Kaufmann (1982) auf therapeutischen Wandel übersetzt wurde, eine Idee, die mir besonders in unserem Umgang mit Familien in problematischen Randsituationen nützlich scheint. Die Idee bezieht sich darauf, daß Entwicklungen in einem durch Übergangskrisen instabil gewordenen Mikrosystem leichter erfolgen, wenn dieses durch Makrosysteme gerahmt wird, die in einer relativ stabilen Phase sind. Konkret heißt das, daß Familien als die abhängigen, kleinen Systeme für ihre Entwicklung auf einen Rahmen relativer Stabilität in den größeren Bereichen angewiesen wären. „Wären" – denn wir wissen ja, daß die Makrosysteme Wirtschaft, Arbeit, Schule und unsere ganze physikalische Umwelt von rapiden Umbrüchen und entsprechender Instabilität betroffen sind und daß das Verhältnis von Familie und Gesellschaft asymmetrisch ist und zu Ungunsten von Familien ausfällt. Familien sind jedoch oft auch nach innen durch fundamentale Asymmetrien unter ihren Mitgliedern gekennzeichnet. Geschlechtsunterschiede bestimmen den inneren und äußeren Zugang zu Ressourcen, das heißt die jeweiligen Machtverhältnisse zwischen Frau und Mann, Mädchen und Jungen. Spezifische Erwartungen aneinander in bezug auf die Befriedigung von Bedürfnissen wie Schutz, materielle Versorgung, Verantwortung für die Beziehungsarbeit, Kontrolle oder Unterwerfung prägen die Beziehungen unter den Eltern und zu ihren Kindern. Ganz besonders, wenn der Druck von außen wächst, beobachte ich, daß hergebrachte Rollenbilder von Mann und Frau zum Maßstab ihres „Funktionierens" von innen und außen herangezogen werden: Der Mann soll der Ernährer, die Frau die emotionale Versorgerin der Familie sein. Diese fundamentalen Asymmetrien im Binnensystem spiegeln sich auch in der Beziehung zwischen einer bestimmten Familie und den Institutionen Gemeinde, Schule und Arbeitswelt, deren Teil sie sind. Familien sind also in ihren vielfältigen Formen, auch unter besten Voraussetzungen, immer nur zu einem kleinen Teil autonom. Für mich bedeutet das, daß es zu erwarten und absolut „normal" ist, daß Mikrosysteme wie Paare und Familien, die von inneren Übergängen geschüttelt werden, einen festen Rahmen brauchen, den ihnen ihre Alltagsverhältnisse selten fraglos anbieten. Ich verstehe deshalb die therapeutische Begleitung von Klienten oder „Problemsystemen" durch Beraterinnen, Lehrer und Schulpsychologen als vorübergehendes Angebot eines solchen Rahmens – nicht durch die Vorgabe von Normen, sondern durch die Stärkung des Selbstvertrauens und des Bewältigungspotentials des „Problemsystems" und seiner Vernetzung mit vorhandenen Ressourcen. Die Betonung liegt dabei auf dem Wort „vorübergehend", wobei sich ein solcher therapeutischer Rahmungsprozeß durchaus in kurzen Einheiten über Jahre erstrecken kann, im Sinne guter hausärztlicher Betreuung, aber im Gegensatz zu einer chronischen Invalidisierung durch ständig wechselnde Anlaufstellen und Therapieangebote. Daß Fallkonferenzen ein probates Mittel sind, immer wieder einen stabilen Rahmungsprozeß im Helfersystem sicherzustellen, zeigt Francos Beispiel.

Francos Eltern sind, nachdem er schon lange auf eigenen Füßen steht, in einer großen Krise nochmals zu mir gekommen. Was in der ersten Phase der Therapie tapfer geleugnet wurde, entwickelte sich zum großen Konflikt, als der Vater vor einiger Zeit seine Stelle verlor: das Problem seiner Alkoholabhängigkeit. Nach einer kurzen Phase von Paartherapie ist er nun in Einzelberatung bei einem Suchttherapeuten, mit dem ich mich ab und zu bespreche. Francos Vater plant neuerdings eine Entziehungskur und hat bereits die Zusage seines Arbeitgebers, nachher wieder seine Stelle zu besetzen.

Wenn ich bisher vielleicht etwas einseitig von der notwendigen *Vernetzung* der Helfersysteme berichtet habe, ist es mir ebenso wichtig, die Bewahrung des *Privaten* von Familien und ihren einzelnen Mitgliedern hervorzuheben. Gerade, wenn wir als Therapeutin oder Therapeut in der Anfangsphase eines Prozesses aktiv auf Familien zugehen, ihnen den erwähnten Rahmen anbieten und Mutter und Vater kräftig den Rücken stärken – der oft gebrochen ist von Schuld- und Schamgefühlen – besteht immer die Gefahr des Eindringens in ihre Privatsphäre. Ich meine, daß ich hier das Paradoxon jeder Therapie von Familien mit zahlreichen Problemen aufgreife, ganz besonders dort, wo es um Kriminalität bzw. um Gewaltsymptome geht. Als Helfer/innen geraten wir leicht in Gefahr, unsere Position in einem nicht ganz freiwilligen Therapiekontext zu mißbrauchen – zum Schutz der Kinder, sagen wir dann, oder zum Schutz der Familie vor anderen Institutionen oder auch zur Aufrechterhaltung der eigenen institutionellen Normen. Das Aushalten dieses Paradoxons anstelle seiner Aufhebung in Form von Eindringen in ihre Privatsphäre – verbunden mit normativer Kontrolle – gehört in besonderer Weise zum Umgang mit Familien, die mit politisch angeheizten Problemen (oder Verdachtshinweisen) wie Gewalt und sexuelle Übergriffe zu uns kommen. Der naheliegende Anspruch: „Wir in unserer Institution haben für diesen Konflikt das einzig richtige Modell" verführt Helfer/innen leicht zu Übergriffen in individuelle oder familiale Privatsphären und gleichzeitig zur Ausgrenzung anderer Beteiligter, die entweder als Täter oder hilflose Opfer definiert werden. Levold (1994) beschreibt die Folge solcher symmetrischen Beziehungsformen in Helfersystemen als „Betonierung der Opferrolle". Er empfiehlt, die beschädigte Autonomie von Klienten und Helfersystemen weder durch Verleugnung noch durch Dramatisierung, sondern durch intra- und intersystemische Kooperation *aufzuheben.*

5. Das Bedürfnis nach Flexibilität im therapeutischen Rollenverständnis

Wenn wir mit Familien und größeren Systemen arbeiten, kommen wir nicht darum herum, uns ab und zu die Hände schmutzig zu machen, indem wir (durch Versuch und Irrtum) den schwierigen Balanceakt zwischen therapeutischer *Neutralität* des Nicht-Eindringens und *Handeln* zugunsten der als Opfer definierten Familienmitglieder zu meistern versuchen. Zu große emotionale Distanz kann dabei schädlich sein, aber nicht minder schädlich scheint mir ideologisch geleitetes Agieren. Ich möchte zum Schluß dafür plädieren, daß im Umgang mit komplexen menschlichen Situationen immer auch tradierte professionelle Rollenvorstellungen diskutiert und modifiziert werden. Ich meine, daß der von dem erwähnten Paradoxon bestimmte Balanceakt am ehesten gelingt, wenn wir ab und zu austreten aus den üblichen professionellen Rollen, die uns „mehr desselben" erkennen und wahrnehmen lassen. Dazu zwei Beispiele aus der Kinderpsychiatrie:

1. Ein Kollege hat mir erlaubt, ein Fallbeispiel zu erzählen, bei dem er seine vorgegebene Rolle verlassen hat und – im Sinne des von Simmen (1991) beschriebenen Rollenwandels vom „Schulpsychologen zum Organisationsberater" – sich als Coach eines Problemlösungsprozesses in mehreren Kontexten angeboten hat. Es handelt sich um die 12jährige Tochter B. einer Flüchtlingsfamilie aus Somalia,

die mit ihren Eltern und zwei Schwestern in einem Durchgangszentrum lebt. Die von den Heimleiterinnen und von der Lehrerin präsentierten Symptome von B. sind: Schock nach der Verletzung durch eine Kugel im Bein, das noch in Somalia operiert wurde; Schlafstörungen, Nervosität, Angst vor Blut und Tod, Apathie, Passivität, Adipositas und – am auffälligsten – nächtliches Bettnässen. Auf dem engen Raum, in dem die Familie leben muß, ist das letztgenannte Symptom für alle sehr störend. B. weigert sich zu duschen, und eine Hypothese der Helferinnen ist, sie wolle durch ihren üblen Geruch ihren Vater von sich fernhalten ... Außerdem besteht die Vermutung, die Eltern könnten nicht die leiblichen sein, sondern B. und ihre Schwestern mitgenommen haben, um einen besseren Asylstatus zu erwerben. Erste Gespräche mit B. und dann auch mit ihrer Familie in Anwesenheit eines Übersetzers klären wenig. Der Kinderpsychiater geht von der Hypothese eines posttraumatischen Streß-Syndroms sowie von Anpassungsproblemen im Heim und in der Schule aus. B.s Vater meint, seine Tochter müßte operiert werden, damit sie zu nässen aufhöre. Vom Pädiater wird die Operation als absurd abgewiesen und vom Kinderpsychiater als Wunsch nach einem Zauber interpretiert. Er schlägt zur vorläufigen Entlastung der Familie ein verhaltenstherapeutisches Programm für B.s Enuresis vor, ist aber unzufrieden mit sich und seinem Vorgehen und kommt damit in die Supervision. Dabei erkennt er, daß sein Auftrag von den Heimleiterinnen, der Lehrerin und nur in einem einzigen Bereich vom Kind bzw. von seinem Vater kommt, nämlich zur Operation von B. Dieser sagt dem Psychiater direkt, daß in seiner Kultur der Familienvater und nicht ein Außenstehender für die Betreuung der Kinder zuständig sei. Der Kinderpsychiater entscheidet sich, mit unserer Ermutigung, sich nicht mehr als *Therapeut*, sondern als *Praxisbegleiter* allen anzubieten, die seine Unterstützung möchten, und damit Handlungsfreiräume an jene zu delegieren, die das Mädchen täglich begleiten. In einer nächsten Phase des Prozesses, in der eine Mitarbeiterin des Heimes – eine Ethnologin, die in Somalia gelebt hat und die dortige Sprache spricht – das Vertrauen des Kindes gewinnt, wird klar, was B.s Vater mit dem Vorschlag einer Operation meinte. Bei der rituellen Beschneidung in Somalia wurde die Harnröhre des Mädchens so verletzt, daß es nur im Schlaf, das heißt in entspanntem Zustand, ohne Schmerzen Wasser lassen konnte. Die Forderung nach einer Operation bekam also Sinn. Nach ihrer Durchführung besserte sich der Zustand des Kindes wesentlich.

2. Eine weitere Situation, in welcher Psychiater und Therapeuten ihr angestammtes Rollenverständnis modifizierten und als Organisationsentwickler tätig wurden, habe ich kürzlich in Lausanne erlebt. Das Projekt „Appartenances", vom Kinderpsychiater Dr. Métraux gegründet, hat einerseits die spezifische Weiterbildung freiwilliger und professioneller Helfer zum Ziel, welche sich mit Menschen befassen, die als Flüchtlinge und Asylbewerber in der Schweiz leben. Anderseits vermittelt das Projekt als multi-kulturelle Vereinigung den direkt betroffenen Immigranten Möglichkeiten, ihre Autonomie und Lebensqualität in der Begegnung mit Einheimischen und anderen Immigranten zu entwickeln. Das Ziel dieser Einrichtung ist also nicht Therapie – die ja ein Defizit beziehungsweise eine Krankheit voraussetzt –, sondern Wiederermächtigung („empowering") der durch die Lebensumstände entmachteten Frauen, Männer und Kinder. Ich meine, daß dies ein wunderbares Modell dafür ist, wie Mediziner als Organisationsentwickler ihre Sicht- und Handlungsweisen über den klinischen Kontext hinaus erweitern können.

Literatur

Beck, U. (1986): Risikogesellschaft. Auf dem Weg in eine andere Moderne, Suhrkamp, Frankfurt; Imber-Black, E. (1992): Familien und größere Systeme – Im Gestrüpp der Institutionen, Carl Auer, Heidelberg; Fivaz-Depeursinge, E., Fivaz, R., Kaufmann, L.: Agreement, conflict, symptom: an evolutionary paradigm, in: Duss von Werdt J., Welter-Enderlin, R. (Hrsg.) (1982): Zusammenhänge Bd. III, Institut für Ehe und Familie, Zürich; Hildenbrand, B. und Welter-Enderlin, R. (1992): Ausbildung im Rahmen des Meilener Konzepts Familientherapeutischen Wissens und Handelns, System Familie 5/4, Springer-Verlag; Levold, T. (1994): Die Betonierung der Opferrolle, System Familie 7/2, Springer-Verlag; Ludewig, K. (1992): Systemische Therapie, Grundlagen klinischer Theorie und Praxis, Klett-Cotta, Stuttgart; Minuchin, S. und Montalvo, B. (1967): Techniques for Working with Disorganized Low Socioeconomic Families, A Family Therapy Reader; Richter, H. E. (1970): Patient Familie, Rowohlt, Reinbek; Selig, A. L. (July 1976): The Myth of the Multi-Problem Family, Amer. J. Orthopsychiat 46(3); Simmen, R. (1992): Der Schulpsychologe als Organisationsberater und Supervisor – Implikationen und Komplikationen, in: Der Jugendpsychologe 1/18; Tyler May. E. (1988): Homeward Bound – American Families in the Cold War Era, Basic Boos, New York; Welter-Enderlin, R. (1989): Der Mensch ist seines Glückes Schmied oder: Leben in aufgelösten Strukturen, in: Psychologie Heute Special, Weinheim; Welter-Enderlin, R. (1993): Paare – Leidenschaft und lange Weile, Piper, München.

KAPITEL 8

Widersprüchliche Geschichten von Alkoholabhängigkeit

Krankheit oder Auffassungssache?

Die Praxis systemischer Therapie bedingt Theorien und Handlungsmodelle, die dem Kontext von Klienten und Klientinnen und therapeutischen Einrichtungen angemessen sind. Die Idee, „one size fits all", eine Größe passe allen, mag zwar faszinierend sein, aber schon beim Kauf von Strümpfen entpuppt sie sich oft als Illusion. Im Umgang mit Menschen jedoch, die als „alkoholabhängig" beschrieben werden, sowie ihren Angehörigen, die im Rahmen einer bestimmten Ideologie alle co-abhängig sind, hat die „one size fits all" Idee, wonach es typische Erscheinungsformen der Sucht gebe, meistens negative Wirkungen. Kriz (1989) meint zur Frage, warum Professionelle an allgemeinen Schemata zur Klassifizierung bestimmter Symptome interessiert sind: „Um etwas planen und vorhersagen können, müssen wir zwangsläufig so tun, als gäbe es „gleiche" Situationen; denn würden wir jede Situation als grundsätzlich neu verstehen, wären natürlich Vorhersage/Planungen unmöglich." Obwohl eine solche Beschränkung der Freiheitsgrade, mit welcher wir die Welt betrachten, auch positive Aspekte hat (Kriz, op. cit.), indem sie als Krücke gegen unsere (therapeutische) Unsicherheit im Umgang mit menschlichem Chaos dient, birgt sie die Gefahr des Rückzugs in Kontrolle und Planbarkeit. Weil aber „Kontrolle" ein zentrales Thema in den Geschichten von Süchtigen und ihren Bezugspersonen ist – Professionelle nicht ausgenommen –, will ich aufzeigen, was für eine Rolle das Thema bei zwei prominenten Modellen im Umgang mit Alkoholismus spielt. Ich nehme in Kauf, daß ich bei jenen

Expertinnen und Experten, die genau wissen, wie Sucht entsteht und wie sie zu heilen ist – z. B. mit totaler Abstinenz –, mit Ablehnung rechnen muß, wenn ich den Begegnungsaspekt des einmaligen Fallverstehens über den normativen Aspekt von Therapie stelle.

Modell A) Alkoholismus als Krankheit

Alkoholismus wird hier als *Realität (Krankheit)* bzw. als *Funktion* in einem gestörten menschlichen System gesehen. Als ‚menschliche Systeme' können Individuen in ihrer bio-psychosozialen Bedingtheit, aber auch Paare, Familien und Institutionen verstanden werden. Diese Sicht, daß nämlich Sucht eine Funktion zur Stabilisierung instabiler Bedingungen in Individuen oder Familien habe, ist an einen naturwissenschaftlichen Reduktionismus angelehnt und erhebt den Anspruch, Alkoholabhängige und „Alkoholismus-Familien" mit *typischen* Beziehungsmustern und vorhersehbaren Entwicklungen klassifizieren und ihnen *typische* Therapieprogramme anbieten zu können. Das Etikett „Alkoholismus-Familie" geht von der Annahme aus, daß nicht nur ein Individuum, sondern auch seine Bezugspersonen, seine Familie oder familienähnliche Systeme, eine Form von Alkoholismus bzw. Sucht „haben". Die gängige Vorstellung, die hinter einer solchen Typisierung liegt, lautet: Zwar stimmt es, daß nur eine Einzelperson abhängig wird vom Suchtmittel Alkohol; andere jedoch „brauchen" einen solchermaßen identifizierten Patienten oder eine Patientin, weil sie ebenfalls „Abhängige" sind – einfach von anderen Stoffen abhängig. Ihre sog. Sucht nach Liebe durch Kontrolle (z. B. in Form von Selbstaufopferung) ermöglicht ihnen, so die Theorie, als Co-Abhängige ihre eigenen heimlichen Defizite zu leben.

Alkoholismus hat gemäß diesem Modell die Funktion, allen das zu geben, was sie auf andere Weise im Leben bisher nicht bekommen haben: dem „identifizierten Patienten" die Abhängigkeit vom Suchtmittel mit der Möglichkeit, sich unverantwortlich und verschwommen zu zeigen, wie sie oder er es nüchtern nicht zu sein wagt; den Bezugspersonen die Möglichkeit, sich durch Liebe in Form von Überverantwortlichkeit und Kontrolle die Vorherrschaft in der Beziehung zu sichern, wie sie diese offiziell nie zu beanspruchen wagten. Alkoholismus wird in dieser Epistemologie als lebenslange *chronische Krankheit* definiert. Das ist eine wichtige, aber nicht harmlose Errungenschaft gegenüber der tradierten Beschreibung von „Trunksucht" als Charakterschwäche. In der Behandlung/Therapie werden die sog. Co-Alkoholiker(innen) – den Co-Alkoholiker gibt es in dieser Sicht eher selten – ermutigt, sich ihre eigenen Bedürfnisse nach Abhängigkeit in Form von Beziehungskontrolle bewußt zu machen und ihren Anteil an der Aufrechterhaltung der Partner-Symptomatik zu „hinterfragen". Ähnlich wie die Angehörigen von schizophrenen Patientinnen und Patienten von Vertretern der *psychoedukativen Schulen* auf sich selber verwiesen werden, so werden Angehörige von Alkoholabhängigen in Therapien oder Selbsthilfegruppen angeleitet, ihr eigenes Leben endlich autonom und selbstbewußt in die Hand zu nehmen, statt den Patienten oder die Patientin zu beschützen und damit das Symptom aufrechtzuerhalten. Ich werde auf die positiven wie auch die fragwürdigen Aspekte des Modells A) für den therapeutischen Prozeß zurückkommen, welches Über-Bewußtheit für biologischen Abläufe – ich bin Alkoholiker, leide an einer Krankheit – und dysfunktionale Beziehungsprozesse repräsentiert, aber eine gewisse Unter-Bewußtheit für die Entwicklungsmöglichkeiten des menschlichen Geistes, der Selbstreflexion und der Neuerzählung der eigenen Geschichte mit sich bringt – „Re-storying lives" (Strand 1997).

Modell B) Alkoholismus als Auffassungssache
Dieses Modell ist geprägt von der sog. *radikal konstruktivistischen* Sichtweise, wonach alle menschlichen Symptome, auch Alkoholismus, Auffassungssache seien, also

Erfahrung erst durch deren Versprachlichung zum Problem gemacht werde. Das Verständnis, welches aus dieser Sicht entstehen kann heißt, daß Alkoholismus nicht „an sich" existiere, sondern eben Auffassungssache sei – man das Phänomen also auch ganz anders und nicht pathologisierend beschreiben könnte. Der Vorteil dieser Sicht ist, daß das Defizitbild der chronischen Krankheit und Abhängigkeit (auch der sog. Co-Abhängigkeit) als *eine* Beschreibung unter vielen anderen aufgeweicht wird. Auch werden die Beschreibenden dafür verantwortlich gemacht, in welcher Weise ihre Sprache Bisheriges zementiert oder es mit neuen Perspektiven versieht. Im Gegensatz zu Modell A) steht hier nicht Kontrolle, sondern die Aufweichung des durch Expertensprache erzeugte Artefakts Alkoholiker/Alkoholismus-Familie im Zentrum. Erbach (1996, S. 80) beschreibt kritisch die Folgen solcher Expertensprache: „Da in der Beschreibung von Suchtverhalten als Krankheit der Kontrollverlust oder die Unfähigkeit zur Abstinenz wesentliche Bestandteile der Krankheit sind, scheint es folgerichtig, die Kontrolle des betreffenden „Kranken" zumindest zeitweise Außenstehenden zu überlassen (z. B. Angehörigen, TherapeutInnen, Selbsthilfegruppen) und Vorkehrungen für die Einhaltung einer lebenslänglichen Abstinenz zu treffen, da nur so die Krankheit zum Stillstand gebracht werden kann."

Allerdings scheint mir mit Modell B) die Tendenz zu einer körperfernen und geschichtslosen Welt verbunden, in welcher das geistige Geschehen, die Erfindung von Wirklichkeiten durch die Erzählung neuer Geschichten, als alleinige Ressource gesehen wird. Modell B) beinhaltet aber auch die wunderbar romantische Vorstellung des Menschen, der sich als totales Subjekt definiert und sich über biologische und psychosoziale Gegebenheiten hinwegsetzt. Die damit verbundene individualisierende, das Soziale und Biologische weitgehend ignorierende Reflexionsphilosophie steht im Gegensatz zur beim Modell A) skizzierten Typisierung von biologischen Bedingungen und von Interaktionsprozessen, welche die sog. unheilbare Krankheit Alkoholismus in Verbindung mit einem ebenso kranken psychosozialen Kontext bringen.

Natürlich wendet kein Mensch das eine oder andere Modell in reiner Form an, weder als „ExpertIn" noch als private Bezugsperson – ich habe damit lediglich Strömungen der Fachliteratur beschrieben. *Gemeinsam* ist beiden Modellen, wenn sie im Feld systemischer Therapie angewendet werden, die Vorstellung, daß Alkoholismus ein Versuch sei, eine Situation zu korrigieren, die im nüchternen Zustand unerträglich ist. Gregory Bateson hat 1972 in seinem Essay zur Theorie des Alkoholismus (The Cybernetics of Self) darüber geschrieben, daß Alkoholabhängige eigentlich durch ihre Symptomatik gesünder seien als die Menschen um sie herum, indem sie unerträgliche Situationen und vor allem ihre unerfüllten Sehnsüchte schärfer wahrnehmen als andere und ihrer eigenen Überempfindlichkeit ausweichen in die Sucht. Sein Kollege Jürgen Ruesch (1995) unterstützt Batesons Ansicht mit der Beobachtung, daß alkoholabhängige Menschen überspezialisiert seien auf Informations-Input (Wahrnehmung) und unterspezialisiert auf Output (Umgang mit dem, was sie wahrnehmen). Inwiefern diese Problembeschreibung spezifisch ist für das Verständnis von alkoholabhängigen Menschen im bio-psycho-sozialen Kontext, bleibt offen.

Wie bei anderen Symptomen kann auch hier das Problem in der versuchten Lösung liegen: Während der oder die Alkoholabhängige sich mehr und mehr im (symmetrischen) Kampf mit der Flasche engagiert, wie Bateson den „alkoholischen Stolz" beschreibt, werden die Angehörigen in die komplementäre Position der Helfenden eingeladen. Damit verstärkt sich für den Patienten oder die Patientin die Erfahrung von Abhängigkeit und Erniedrigung, was ihre Bereitschaft zum Kampf mit der Flasche zementieren kann. Themen wie *Über- und Unterverantwortlichkeit* bzw. *Abhängigkeit und Autonomie, Intimität* (in den feuchten) und *Distanz* (in den trockenen) Phasen, scheinen bei beiden Modellen als wesentliche Organisationsprinzipien von Familien mit Suchtproblemen zu wirken.

Krankheitsbegriffe in den beiden Modellen:

Modell A)
Die Beschreibung von Alkoholabusus als unheilbare Krankheit definiert diesen primär aus biologisch-psychologischer Sicht, wie sie auch von den Anonymen Alkoholikern (AA) übernommen wird. Der Vorteil dieser Sichtweise liegt darin, daß ein Individuum mit Alkoholproblemen nicht moralistisch beschuldigt, sondern von Schuld entlastet wird; der Nachteil, daß der Krankheitsbegriff neue Abhängigkeiten durch den Mythos der Unheilbarkeit schaffen kann (Abhängigkeit von der Gruppe der AA oder von einer höheren Macht). Vor allem geht die Definition von Alkoholismus als Krankheit oft zulasten der Angehörigen, die es eigentlich immer falsch machen, indem sie sich zu viel oder zu wenig um den sog. Patienten oder die Patientin kümmern. Ein weiteres Problem kann sich aus der Krankheitsdefinition von Alkoholismus dann ergeben, wenn nur absolute Abstinenz, die mittels eines „typischen", vorgestanzten Programms aufrecht erhalten werden soll (z. B. Selbsthilfegruppe der Anonymen Alkoholiker mit 12 Problemlösungsschritten), oder ein stationärer Aufenthalt in einer Klinik als Lösung in Frage kommen. Heilung erfolgt im Verständnis von Modell A) durch Akzeptanz der Krankheit und absoluten Verzicht auf Macht und Kontrolle (also Überwindung des „alkoholischen Stolzes"), darum ist auch kontrolliertes Trinken ausgeschlossen.

Modell B)
Hier wird Alkoholismus als „erfundene Wirklichkeit" bezeichnet, was den Vorteil hat, daß das Symptom im Rah-

men von Familien- und Arbeitsbeziehungen verhandelbar wird. Das Ziel ist dabei nicht unbedingt absolute Abstinenz – ein Ziel, das durch Untersuchungen sowieso relativiert wird (Schmidt, 1996) –, sondern die Möglichkeit, daß Klienten (mit ihren Bezugspersonen) ihr Ziel selber bestimmen. Das kann natürlich auch absolute Abstinenz bedeuten! Eine „Aufweichung" der Problemdefinition durch ein spezifisches Verständnis für die vielfältigen Systemebenen, die hier zusammenwirken, wird therapeutisch angestrebt. Dies geschieht wenn immer möglich mit den Menschen zusammen, welche die Bedeutung des Symptoms Alkoholabusus als Vorbote von anstehenden Entwicklungen sehen und auf Handeln übersetzen wollen. Alkoholismus wird hier verstanden als versuchte „Korrektur einer nicht passenden Geistes- und Beziehungssituation". Der Vorteil liegt darin, daß „Copingverhalten", also affektive und kognitive Auseinandersetzung mit dem Symptom Alkoholabusus, und nicht Kontrolle das Ziel von Therapie ist. Der Mensch wird als Gestalter seiner Welt und nicht einseitig als Opfer gesehen. Nachteilig kann dabei eine gewisse Mißachtung der „Realitäten" sein, z. B. der körperlichen Verfassung als Folge von Alkoholabusus, kultureller Vorurteile, gesellschaftlicher Zwänge.

Praxis
In meiner Arbeit sind Aspekte beider Modelle integriert: die Realität von Anlage und Entwicklung (was die Dinge aus uns machen) wie auch die von Menschen erzeugten Wirklichkeitskonstruktionen, also die Frage, was Menschen sich aus den Dingen machen und wie sie Erfahrungen in Tun umsetzen. Ich habe gelernt, mich in erster Linie an den Anliegen und Zielen der am Problem Beteiligten und nicht dogmatisch am einen oder anderen theoretischen Modell zu orientieren. Und ich bin überzeugt, daß die Art, wie über Probleme kommuniziert wird, sowohl affektiv als sprachlich – „Alkoholismus als Auffas-

sungssache" –, tatsächlich darüber entscheidet, ob Sinn- und Handlungsfreiräume vermehrt oder eingeschränkt werden. Wenn eine Verständigung über die Bedeutung des Symptoms „sich betrinken" möglich ist und diese beim Erzählen und Zuhören als *Code* für Anliegen, die bisher anders nicht ausgedrückt werden konnten, erkannt wird, können daraus durch Versuch und Irrtum kleine, aber wesentliche Verhaltensänderungen entstehen, welche die Ressourcen des Systems vermehren. Meiner Ansicht nach ist es Sache der gemeinsamen Entwicklung eines therapeutischen Systems, zu welchem auch die Kunst der Therapeutin oder des Therapeuten gehört, das Erzählen der Abhängigkeitsgeschichten so zu gestalten, daß daraus Zukunft sprießen kann.

Also: im einen Fall wird die Perspektive „Alkohol als Krankheit" eine vorläufig nützliche Möglichkeit der Entlastung von Schuld sein, während im anderen Fall „Alkohol als Auffassungssache" bzw. als Code, den es zu erschließen gilt, neue Handlungsfreiräume eröffnet. Denkend zu analysieren und fühlend-intuitiv zusammenzufügen ist die Schwierigkeit im Umgang mit dem hier vertretenen und immer am Einzelfall orientierten Menschenbild – und gleichzeitig seine Stärke. Dazu eine Geschichte aus der Praxis:

Während meiner ursprünglichen Ausbildung als Sozialarbeiterin machte ich ein Praktikum in einem abgelegenen Bergtal. Dabei befreundete ich mich mit der Familie des Försters, deren fünf Kinder etwa in meinem Alter und etwas jünger waren. In dieser Zeit wurde bei ihrem Vater Samuel, noch nicht 50, ein fortgeschrittenes Darmkarzinom diagnostiziert. Da es im Bergtal nur ein kleines Regionalspital gab, wurde er zur Operation in die Universitätsklinik der fernen Kantonshauptstadt überwiesen. Die Prognose seiner Krebskrankheit war schlecht. Nach der Operation litt Samuel nicht nur unter heftigen Schmerzen, sondern auch unter fürchterlichem Heimweh. Seine Familie, noch ohne Auto, konnte ihn nur selten besuchen.

In dieser Zeit griff der behandelnde Arzt auf ein altes „Heilmittel" in der Medizin zurück: Täglich verordnete er Samuel eine halbe Flasche guten Rotweins. Samuel hatte – aus einer pietistisch-strengen Familie stammend – keine Erfahrung mit Alkohol. Er gewöhnte sich indes schnell an seine entspannende Wirkung. Wieder zu Hause, zwar mit künstlichem Darmausgang, aber voll zähen Willens, so lange zu leben, bis auch das jüngste Kind „versorgt" sein würde – beruflich und beziehungsmässig –, begann er wieder im Wald zu arbeiten. Seine Frau Babette besorgte zu Hause den Stall mit dem Kleinvieh wie immer. Eines Tages kam sie entsetzt zu mir: sie habe ein Lager mit Weinflaschen entdeckt auf der Heubühne, einige davon seien leer. Eigentlich habe sie schon lange bemerkt, daß ihr Mann ins Trinken geraten sei und es nicht mehr im Griff habe, aber sie habe sich nicht zu fragen getraut. Ob ich mit ihr und Samuel abends einmal übers Feld gehen würde, damit sie das heikle Thema „mit einer neutralen Dritten" besprechen könnten? Ich tat es, und Babettes Lösungsidee war, daß Samuel im Regionalspital einen Entzug machen sollte, womit er – ungern! – einverstanden war. Ich möge doch, als angehende Fachfrau, einmal mit dem einzigen Arzt im Tal reden, baten mich beide, und ihn fragen, ob so ein Entzug überhaupt möglich sei. Hilfsbereit, aber mit meinen 25 Jahren unglaublich naiv, wanderte ich über die Wiesen ins Spital, wo es eine öffentliche Sprechstunde gab. Ich werde nie vergessen, wie Dr. R., der Talarzt, mich zusammenstauchte. „Wenn ich Samuel hier zum Entzug hätte", schimpfte er, „würde kein einziger Talbewohner mehr in meine Praxis kommen. Die verstecken doch alle ihre Flaschen im Heu, weil sie sonst mit dem Pfarrer und vielleicht noch mit der Frau Konflikte haben. Gehen Sie jetzt zurück und sagen sie den beiden, nicht der Wein, sondern das Theater, das sie drum herum machen, sei schädlich. Und merken Sie sich, junge Frau: Man kann alt werden mit einem halben Liter oder mehr pro Tag. Eher älter als mit heimlichem Saufen oder mit Darmkrebs."

Die Geschichte fand ein gutes Ende. Babette willigte auf meinen Vorschlag ein, im Dorfladen alle zwei Tage einen Liter Rotwein zu kaufen und ihn ins Küchenbüffet zu stellen. Samuel bediente sich dort, trank „kontrolliert" beim Essen und brauchte kein Versteck mehr. Bloß die Qualität des Weines ließ zu wünschen übrig, darum schenkten Samuels Kinder oder wir Freunde ihm ab und zu einen guten Tropfen unter den Augen seiner Frau. Er hat noch gute 20 Jahre gelebt, hat Enkelinnen und Enkel aufwachsen sehen, und das „kontrollierte Trinken" hat er mit Babettes Hilfe bis zuletzt aufrechterhalten. Suchtexperten werden möglicherweise argumentieren, daß Samuel „gar kein richtiger Alkoholiker war", sonst hätte er nicht kontrolliert trinken können. Daß ich die Meinung vertrete, die Frage der Bedeutung eines Problems sowie das Vorhandensein (oder Fehlen von) Ressourcen sei wichtiger als dessen Klassifizierung, dürfte klar geworden sein.

Es gibt also nach meiner Überzeugung nicht die richtige Erklärung oder die richtige Therapie, sondern nur ein Fallverständnis in der therapeutischen Begegnung, das verbunden wird mit dem Verstehen der einmaligen Kultur, in die Menschen eingebettet sind, in welcher „übermäßiges Trinken" als Problem oder als Norm definiert wird. Daneben kommen auch allgemeine Themen des menschlichen Daseins vor, welche sich bei Alkoholabusus besonders manifestieren. Samuel hatte damals in der Universitätsklinik in tiefster Verzweiflung und voll Sehnsucht nach Unversehrtheit und Geborgenheit Wein trinken gelernt. „Die Sehnsucht ist unser Bestes", schreibt Max Frisch. Diese romantische Sehnsucht nach dem Absoluten, nach totaler Geborgenheit und gleichzeitig totaler Autonomie, wie sie sich in Samuels Geheimnis und Babettes Reaktionen manifestierte, habe ich seither bei vielen Menschen in ähnlicher Lage beobachtet und besser verstanden als damals.

Allgemeine Klassifizierungsschemata bergen also immer die Gefahr, daß das Einmalige, Persönliche von Erfahrungen sowie die diesem Menschen und seiner Umgebung zugehörigen Geschichten verloren gehen, indem die sog. Objektivität der Diagnostik und Therapie an ihnen vorbei läuft. Heute versuche ich, sowohl über das Allgemeine, also unser Wissen über die Bedingungen und Folgen von Alkoholabhängigkeit als auch über das Einmalige im Leben der entsprechenden Menschen, herauszufinden, was ihnen nützlich ist – selbst wenn es gegen dominierende Theorien verstößt. Zum Verständnis von Lebens- und Bedeutungswelten der Betroffenen, ihrer sozialen, ethnischen und politischen Lage gehört auch die Erkenntnis, daß es einen Unterschied macht, ob eine Frau oder ein Mann als alkoholabhängig definiert wird und ob ein Bauer irgendwo im einsamen Bergtal täglich seinen billigen Wein oder seine Schnäpse trinkt, bis er ins Heu fällt und dort schläft, oder ob ein Bankdirektor diskret seinen Kognak im Pult versteckt und unauffällig beduselt in die Verwaltungsratssitzung geht, wo er Entscheidungen über Tausende von Arbeitsplätzen trifft.

Geschlechterrollen
Es macht einen bedeutsamen Unterschied aus, ob eine Frau oder ein Mann süchtig ist, auch wenn in den meisten Klassifikationen von Alkoholismus solche Unterschiede nicht berücksichtigt sind. Wie die Arbeit von Vogt (1986) zeigt, lassen sich solche Unterschiede auch in der Forschung ausmachen. Wenn wir davon ausgehen, daß Alkoholabusus ein Versuch ist, einen unbefriedigenden inneren und äußeren Zustand zu korrigieren, können wir annehmen, daß diese Zustände bei Frauen und Männern verschieden sind bezüglich ihrer psychologischen und sozialen Bedeutung und vor allem bezüglich der Folgen der Abhängigkeit. In diesem Zusammenhang reflektiere ich zum Beispiel darüber, was es bedeutet, wenn in Therapieprogrammen keine derartigen Unterschiede gemacht werden, indem „kontextfreie Techniken und vorgeplante Programmschritte" appliziert werden, wie wir das in spezialisierten Kliniken oder Therapiegruppen manchmal sehen. Als Beispiel: Wenn als festes Programm bei den Anonymen Alkoholikern der „alkoholische Stolz bzw. die Hybris im Kampf gegen die Flasche" mit der stereotypen Beichte korrigiert werden muß, daß „ich machtlos bin in diesem Kampf und daß ich nur durch Aufgabe dieser sym-

metrischen Beziehung zur Flasche und durch Hingabe an eine höhere Macht" überlebe, mag das maßgeschneidert sein für den erwähnten Bankdirektor. Dieselbe Logik, dasselbe Credo aber anzuwenden auf den verschuldeten Bergbauern oder die Frau in der Lebensmitte, welche beide überwältigt sind von Erfahrungen ihrer Machtlosigkeit und Abhängigkeit von den sozialen und strukturellen Verhältnissen, kann genau die Bedingungen verstärken, welche sie in ihre problematische Situation brachten.

Trinken ermöglicht den Ausdruck von Gefühlen und Verhaltensweisen, welche bei beiden Geschlechtern traditionellen Vorstellungen widersprechen. So kann ein von Kontrollansprüchen besetzter Mann durch Alkohol gefühlvoll, kindlich, abhängig sein, wie er es im nüchternen Zustand nie wagt. Oder einer, der im männlichen Konkurrenzkampf versagt, kann sich dank Alkohol laut und aggressiv durchsetzen bis hin zur Gewalttätigkeit. Frauen, die in traditionellen Rollen der Überverantwortlichkeit für andere und Unterverantwortlichkeit für sich selber gefangen sind, finden manchmal durch Alkohol vorübergehend die Illusion der Geborgenheit durch sexuelle und emotionale Nähe, die aber im nüchternen Zustand ihr Gefühl von Machtlosigkeit bedrohlich verstärkt. Sie können damit auch heimlich rebellieren gegen moderne Vorstellungen von der Frau, die alles unter einen Hut bringt. Daß der Anteil an alkoholabhängigen Frauen kontinuierlich steigt (er hat sich in den letzten 20 Jahren verdreifacht) und oft mit Medikamentenabusus verbunden ist, scheint mit der Identitätskrise vieler Frauen „zwischen Tradition und Postmoderne" zu tun zu haben. Sowohl beim Rückzug an den häuslichen Herd als auch beim Betreten der Männerwelt ist für viele immer etwas nicht richtig. Alkoholismus kann bei Frauen (wie bei Männern) als versteckte Rebellion gegen gesellschaftlich definierte Rollen verstanden werden. Die soziale Akzeptanz dieser Rebellion ist allerdings unterschiedlich für die Geschlechter.

Geschlechtsbezogene Folgen von Alkoholabhängigkeit

Männer:
Der soziale Trinker
Die Maskulinität von Alkoholismus wird hier durch die Umwelt massiv bestärkt. Identifikation und Geselligkeit mit den „Burschen" bedeutet oft gemeinsame Feindseligkeit bzw. sexuelle Aggressivität gegenüber Frauen.
Der einsame Trinker
Er trinkt zu Hause, „hängt herum", deprimiert, zurückgezogen, süchtig auf TV und Schlaf. So vermeidet er jegliche Forderung und wird nicht selten geschützt von Frau und Kindern aus Angst, daß die Kehrseite seiner Depressivität, der Ausbruch von Wut, noch schlimmer wäre. Oft sind die beiden skizzierten Verhaltensmuster beim selben Mann zu finden.

Frauen:
Die einsame Trinkerin
ist die häufigste Erscheinungsform bei Frauen. Das Problem wird meist lange nicht bemerkt, da die Frau sich unauffällig zurückzieht. Nicht selten beginnt sie im Anschluß an Probleme mit reproduktiven oder sexuellen Ereignissen (Verlust einer Liebesbeziehung, Affäre des Ehepartners, Menopause, Abtreibung) übermäßig zu trinken, oft in Verbindung mit gleichzeitigem Medikamentenabusus. Bei Frauen ist die soziale Ächtung für Alkoholismus meist größer als für Männer. Auch Therapeuten und Therapeutinnen oder Justizbeamte sind manchmal in ähnlichen Stereotypien gefangen: Ein Mann, der trinkt, verhält sich männlichen Normen gemäß, eine Frau, die trinkt, ist eine Schlampe, ist die Wurzel allen Übels in Liebe und Familie, weil sie sich nicht rollenkonform verhält. Wird sie unter dem Einfluß von Alkohol sexuell aktiv, ist sie erst recht verachtenswert.

Kinder von Eltern mit Alkoholproblemen
Zu diesem Thema existiert zwar eine Fülle von Literatur
(z. B. Wegschneider, 1988) über die langzeitigen Folgen für
Kinder, die in „Alkoholikerfamilien" aufgewachsen sind;
es werden jedoch kaum Unterscheidungen gemacht bezüglich ihres Geschlechts. Mein Eindruck ist, daß – ähnlich
wie bei den Eltern – die Töchter an chronischen Gefühlen
von Leere, Unsicherheit über ihre Weiblichkeit und am
Unterfunktionieren im Leben draußen leiden, während
Söhne eher zu starrer interaktioneller Kontrolle, zum
Überfunktionieren und gelegentlich zur Aggressivität neigen. Allerdings wird inzwischen in Fachkreisen die Frage
gestellt, ob die Definition „Kinder von Alkoholkranken"
in Verbindung mit den entsprechenden Selbsthilfegruppen
ähnliche Wirkungen haben könnte wie der Begriff der Co-Alkoholikerin. Das Einfrieren einer Definition des Selbst,
welches dessen Biegsamkeit (Resilienz) wenig berücksichtigt, läuft Gefahr, daß die Opferrolle von Menschen in
Stein gehauen wird.

Zusammenfassend halte ich fest, daß ich therapeutische Vorstellungen und Einrichtungen immer auf ihre
Kontextsensibilität bezüglich bio-psychologischer, sozialer, politischer und geschlechtlicher Unterschiede reflektiere. Darum frage ich auch, was der Begriff der „Co-Alkoholikerin" für die betroffene Frau an Zuweisung von
Überverantwortlichkeit gegenüber der Unterverantwortlichkeit ihres sog. kranken Partners bedeuten kann (vgl.
Walters, M., 1990) oder wie die Definition „Kinder von Alkoholabhängigen" sich auf deren Lebensgestaltung auswirkt.

Kontextsensibilität und therapeutischer Prozeß:

Den Beobachtungsrahmen ausweiten
Bedingt durch das Modell systemischer Therapie als Begegnung ist mein bevorzugter Beobachtungskontext ver-

knüpft mit dem Habitat oder Milieu der Klienten und Klientinnen. Ich versuche, mich mit diesem in jeder nur möglichen Weise zu vernetzen, einerseits durch meine Neugier für die spezifischen soziokulturellen Bedingungen in den Lebens- und Sinnwelten von Klienten und anderseits durch konkretes Knüpfen von persönlichen Beziehungen in diesem Netzwerk.

Bei einer Therapie, die ich anderswo beschrieben habe (Welter-Enderlin & Hildenbrand, 1996), geht es um einen verschuldeten Bauern, der vor der Hofübergabe an seinen Sohn steht und schwer alkoholabhängig ist. Bei dieser Therapie hatte ich Kontakt mit dem Elternpaar, sieben erwachsenen Kindern und deren Ehepartnern, dem Hausarzt, einer Psychiaterin, dem Sekretär des Bauernverbandes und einem Geistheiler, der das Vertrauen des alkoholabhängigen Vaters hat und regelmäßig von ihm konsultiert wird. Mein „Reflecting Team", d. h. meine persönliche Beratergruppe, bestand weitgehend aus den Menschen, welche im *Alltag* mit den Betroffenen verkehren und durch ihr Reden und Handeln das Problem Alkoholismus sowie mögliche Lösungen mitdefinieren. Konkret heißt das, daß ich selber zwar vielfältige Sicht- und Handlungsmöglichkeiten im Kopf habe, jedoch die Menschen, die zum Netz der Betroffenen gehören, und ihre Meinungen zum Problem in jedem einzelnen Fall kennen will. So ist es mir wichtig, direkt oder indirekt – je nach Dafürhalten meiner Klienten – zu erfahren, in welcher Weise der Arbeitgeber, die Leute im Dorf, der Hausarzt, der Pfarrer und natürlich die Verwandtschaft über das Problem denken, und wie sie sich mögliche Lösungen vorstellen. Wenn möglich versuche ich, sie miteinzubeziehen in den Prozeß einer gemeinsamen Problemdefinition, welche neue Perspektiven für Lösungen eröffnet. Mit diesem Vorgehen, welches wohl eher dem Modell einer Allgemeinpraxis als dem Laborkontext von Therapie entspricht, bin ich etwas außerhalb der modernen „systemischen Subjektivierungswelle" der letzten Jahre, wie sie zum Zeitalter der Individualisierung und der neuen Innerlichkeit paßt. Anstelle des „unendlichen Spiegelspiels des subjektiven Idealismus", wie Christa Wolf diese Welle nennt, wo in der warmen Welt des Therapieraums die kalte Welt draußen reflektiert wird, nutze ich gerne die kalte Welt draußen zum besseren Fallverständnis und als Basis von Wandel.

Schritte im therapeutischen Prozeß
Systemische Therapie für Familien mit Alkoholismusproblemen heißt in dieser Sicht nicht „Behandlung des Alkoholismus", sondern ist ein Werkzeug, die Geschichten der Familienmitglieder bezüglich ihrer Bedeutungswelten wie auch ihrer Lebensumstände zu erkennen und darin Anstöße für Lösungen zu finden. Dabei kann Nüchternheit des Patienten oder der Patientin ein bedeutender Aspekt der Lösung sein, jedoch nicht unbedingt der erste und vor allem nicht der einzige. Ob ein Mensch lernen kann, mit Alkoholismus auf eine neue Art umzugehen oder ob totale Abstinenz das Ziel ist, muß im gemeinsamen Prozeß entschieden werden. Nach meiner Erfahrung bewährt es sich, nicht sofort mit dem therapeutischen Hammer das Signal „Alkoholismus" erschlagen zu wollen, solange nicht der Tanz, der sich darum organisiert hat, verstanden wird. Dazu kann auch die direkte Konfrontation des Trinkenden durch seine Bezugspersonen gehören (auch durch Arbeitgeber) mit der Botschaft, daß dieser zwar die Wahl hat, nichts zu verändern an seinem Verhalten, jedoch den Verlust seiner Familie oder Arbeit riskiert. Daß in diesem Prozeß Diagnose und Therapie Hand in Hand gehen, muß ich hier nicht mehr begründen. Als Beispiel für maßgeschneidertes Vorgehen hier meine Schlußintervention im Erstgespräch mit Frau und Kindern des erwähnten Bauern, der sich zuerst weigerte, in Therapie zu kommen:

„Ich weiß nicht, was die richtige Lösung des Problems sein könnte. Aber ich stelle mir vor, daß Ihr Mann und Vater neugierig sein wird, wenn Sie ihm erzählen, was Sie hier diskutiert haben, und wie sehnlich Sie sich wünschen, er möge seinen Hof als wacher und kompetenter Bauer übergeben. Das, was Sie heute besprochen haben, wird Ihnen sowieso aus allen Poren kommen, wenn Sie jetzt dann heimgehen. Darum sagen Sie es am besten in Worten. Vielleicht hilft das Ihrem Vater mit der Zeit, das, was er jetzt mit Alkohol sagt, dann auch in Worten auszudrücken."

Ich versuche nicht, das Symptom Alkoholabusus zu „bekämpfen", sondern es auf dem Weg über eine Veränderung seiner Bedeutung sowie der wesentlichen Beziehungsmuster zu beeinflussen. Wenn dann Schritt um Schritt die Botschaft des Symptoms entziffert und der Beziehungstanz verändert wird, kommt meist der biologische Aspekt der Sucht ins Zentrum. Entzug und Kur machen aber nur Sinn, wenn ein Programm gefunden wird, das der spezifischen Situation des Klienten und seiner Bezugspersonen angepaßt ist und auf unterschiedliche Schicht- und Geschlechterverhältnisse Rücksicht nimmt. Während die Strenge gewisser stationärer Programme mit ihrem hohen Anspruch an Beichte und dem Eingeständnis der eigenen Machtlosigkeit Sinn machen kann für jene, die sich nach autoritären Strukturen sehnen, um ihre „Hybris" zu überwinden, kann diese Strenge für andere, die sich im Leben unterdrückt fühlen, reines Gift sein.

Nach meiner Erfahrung kann ein entsprechender Therapieprozess in folgende drei Phasen aufgeteilt werden:
1. Erschüttern der rigiden Deutungs- und Beziehungsmuster mit ihrer Einengung auf Über- und Unterverantwortlichkeit, Kontrolle und Kontrollverlust.
2. Fokus auf den Umgang mit dem Suchtmittel Alkohol: Versuch und Irrtum mit Modifikation des Trinkens oder totale Abstinenz mittels Entzug und Rehabilitation in einer Klinik.
3. Neue Balance der Deutungs- und Beziehungsmuster in

nüchternem Zustand finden und unterstützen. Also zum Beispiel schon in der ersten Phase die Frage stellen, was es bedeuten wird, wenn der erwähnte Bauer im Gasthaus süßen Most statt Bier trinken wird.

Techniken

Ich möchte mich zu diesem Thema kurz fassen. Zu meiner Philosophie gehört, daß im systemischen Umgang mit Sucht die Handwerksregeln aus vielen therapeutischen Modellen Platz haben, also direktiv, suggestiv, fragend und erzählend-nicht-direktiv sein können. Professionelles Handeln ist für mich der Ort der Vermittlung zwischen beschreibenden und erklärenden Theorien und Praxiserfahrungen unter dem Dach eines Menschenbildes, welches den Konjunktiv mehr liebt als den Indikativ („so könnte es sein", statt „so ist es") und dennoch nicht vorgibt, Menschen könnten gegen ihre biologischen, biographischen und psychosozialen Bedingungen die Welt täglich neu erfinden. Das Allgemeine von Theorien kann dem Einmaligen von Lebens- und Sinnwelten nie übergestülpt werden. Aber das Einmalige kann ohne das Allgemeine nur schlecht erschlossen werden. Die Bedeutung therapeutischer Technik kommt jedoch bei meinem Vorgehen rasch an Grenzen: Wenn sogar unsere Stubenuhr kontextabhängig ist, also beim Uhrmacher wunderbar läuft und im „Habitat" zu Hause neben dem Kachelofen bockig auf die entsprechenden Umweltbedingungen reagiert – wie viel mehr ist das so bei Menschen! Die schönsten therapeutischen Interventionen, die wissenschaftlich saubersten Klassifikationen bringen wenig, wenn ihre Anwender die Sensibilität für den jeweiligen Kontext vermissen lassen. Wandel findet vorwiegend im Habitat der Betroffenen statt und kann durch uns Expertinnen und Experten nur angestoßen werden. Im nächsten Kapitel werde ich erzählen, wie das tabuisierte Thema Alkoholabhängigkeit über 50 Jahre der eigenen Familiengeschichte begleitet hat und wie wir heute damit umgehen.

Literatur

Bateson, G. (1972): Die Kybernetik des „Selbst". Eine Theorie des Alkoholismus, in: Bateson, G., Ökologie des Geistes, Suhrkamp, Frankfurt 1981; Erbach F. (1996): Wie Sprache Wirklichkeit erzeugt. Sucht als sprachliches Konstrukt, in: Richelshagen, K. (Hrsg.) Suchtlösungen, Systemische Unterstellungen zur ambulanten Therapie, Lambertus, Freiburg; Kriz, J. (1989) Einige Gedanken zur „Sucht", in: systhema, Heft 3, S. 41, Weinheim; Ruesch, J. (1995): Kommunikation. Eine soziale Matrix der Psychiatrie, Carl-Auer-System; Schmidt, G. (1996): Vom sogenannten „Rückfall" zur Nutzung von „Ehrenrunden" als wertvoller Informationsquelle, in: Richelshagen K. (Hrsg.) op. cit., S. 49; Strand, P. S. (1997): Toward a Developmentally Informed Narrative Therapy, Family Process 36; 325–339; Vogt, I. (1986): Alkoholikerinnen. Eine qualitative Interviewstudie, Lambertus, Freiburg; Walters, M. (1990): Cinderella Strikes Back, in: Family Therapy Networker, Washington DC, August 1990; Welter-Enderlin. R. & Hildenbrand B. (1996): Systemische Therapie als Begegnung, Klett-Cotta, Stuttgart; Wegschneider, S. (1988): Es gibt noch eine Chance. Hoffnung auf Heilung für die Alkoholikerfamilie, Wildberg; Bögner-Kaufmann, Wolf, Ch. (1988): Ansprachen, Luchterhand, Neuwied.

KAPITEL 9
Was man nicht verstehen kann, muß man erzählen und erfragen
Mitverantwortung für die eigene Geschichte

In Kapitel 6 habe ich den rettenden Weg aus einer persönlichen Krise nachgezeichnet, die wesentlich mit meiner Blindheit für die asymmetrischen Machtstrukturen im traditionellen Verhältnis der Geschlechter zu tun hatte. Ich habe von der Begegnung mit der Geschichte meiner Mutter erzählt, die bereits gestorben war, als ich dieser Geschichte nachging, und wie ich seither meine Wurzeln tief in den mütterlichen Nährboden gesenkt habe. Weil ich in diesem letzten Kapitel Antworten auf die Frage finden möchte, was der Sinn der Suche nach (verlorenen) Geschichten sein kann und was für Wege uns dabei offen stehen, will ich zur Einführung meine eigene Geschichte weitererzählen. Nachher werde ich aus den Erfahrungen mit Klientinnen und Klienten und mit Menschen in Aus- und Fortbildung berichten, was ihnen beim Anknüpfen an ihre Geschichten und Lebensthemen geholfen hat. Wichtig ist mir die Idee, daß diese Suche sowohl in der Begegnung mit noch lebenden „Zeugen" ihrer Geschichte erfolgt als auch aus den erschlossenen *Lebensthemen* neue Möglichkeiten des Denkens und Handelns sprießen. Das liegt mir vor allem in bezug auf Menschen in systemischer Therapieausbildung am Herzen, die als Personen das wichtigste Instrument des Wandels in der Begegnung mit Hilfesuchenden sind. Die Verantwortlichkeit für den sorgfältigen Umgang mit der eigenen Biographie – auch mit den Abgründen darin – wird bei diesem Prozeß weder an einen Experten noch an eine Therapiegruppe delegiert, sondern – unterstützt von diesen – selber übernommen. In der Verbindung mit realen Menschen aus der Herkunft, nicht nur mit den Bildern, die wir uns von ihnen machen und darstellen, liegt nach meiner Erfahrung das heilende Potential des Geschichtenerzählens.

Was ich selber nicht verstehen konnte, mußte ich erfragen

Als mir mit bald 50 Jahren klar wurde, wie sehr mich in der Geschichte meiner Mutter der Widerspruch zwischen ihrer Lebenslust und Tatkraft und ihren heimlichen Ängsten irritiert hat und daß ich selber in diesem Widerspruch lebte, wollte ich die Zusammenhänge verstehen. Ich suchte keine therapeutischen „Lösungen", sondern wollte Mutters und meine Geschichte und die darin enthaltenen Lebensthemen Schritt um Schritt erschließen und daraus meine Zukunft neu entwerfen. Es genügte mir nicht mehr, bloß die Fakten ihres Lebens zu kennen: Rose, Älteste von fünf Kindern, nach ihr noch drei Schwestern und dann als Jüngster der Stammhalter Jakob, der offenbar schon mit dem Auftrag zur Welt gekommen ist, später die elterliche Schreinerei zu übernehmen. Der Vater der fünf Kinder, nennen wir ihn Jakob I., hatte sich aus dürftigsten Verhältnissen emporgearbeitet, ein Haus gebaut, ein Geschäft gegründet und zur Zeit der wirtschaftlichen Depression baufällige Liegenschaften erstanden und instand gesetzt. Ich habe Großvater als Kind gekannt und bewundert, aber seinen Jähzorn gefürchtet. Großmutter Rosina, wie ihr Mann aus kärglichen Verhältnissen, wurde von meiner Mutter als liebe, aber übersensible Frau beschrieben. Nach der Geburt des lange erwarteten Sohnes, Jakob II. – so die Geschichte, welche wir als Kinder erzählt bekamen –, sei Rosina schwer krank geworden. Meine Mutter habe als älteste Tochter schon früh unglaublich viel Verantwortung für ihre kleineren Geschwister übernehmen müssen: „Ich glaube, ich war noch in der ersten Klasse, als ich jeweils von der Schule heimgerannt bin, um eine Suppe zu kochen", erzählte sie uns. Dann, als sie 16 war, sei ihre Mutter gestorben. Tochter Rose übernahm selbstverständlich Mutters Stelle im Haushalt wie auch im Büro der Schreinerei, bis ihr Vater Jahre später eine Witwe, Martha, geheiratet hat, die ich als warmherzige Großmutter in Erinnerung habe. Eine weiterführende Schule oder Lehre konnte meine Mutter unter diesen Umständen nicht mehr machen. Daß sie darunter litt, war kein Geheimnis für uns Kinder. Wir waren ihr dankbar, daß sie uns – besonders auch ihre Töchter – tatkräftig unterstützte, damit wir die Bildung erhielten, die ihr selber versagt war.

Aber es gab da Ängste und dunkle Schatten bei Mutter, die ich nicht verstehen konnte. Sie wurden mir zum Ärgernis, weil ich ihre Sehnsucht, selber bemuttert zu werden, immer wahrgenommen habe, aber nicht befriedigen konnte. Manchmal kam es mir vor, als ob sie etwas zu verbergen hätte. Ich schnüffelte in ihren Briefen und Schränken, wenn sie im Geschäft war, aber ich fand nichts, was mich dem vermuteten Geheimnis näher brachte. Als ich etwa 18 Jahre alt war, lud Mutters beste Freundin Elsa mich einmal mit meinem ersten Freund zum Abendessen ein. Er war ein Stück älter als ich, die Sache schien ernst, und da Elsa und ihr Mann mir herzlich zugetan waren, wollten sie ihn kennenlernen. Es wurde ein guter Abend, und mein Freund trank gerne ein paar Gläser des angebotenen Weines. Einige Tage später erhielt ich einen Brief von Elsa, in dem sie mich vor „alkoholabhängigen" Menschen warnte, da ich schließlich erblich belastet sei. Als ich den Brief vorwurfsvoll meiner Mutter unter die Nase hielt, erzählte diese mir unter Tränen, daß Großmutter tatsächlich alkoholsüchtig gewesen sei und daß sie uns aus Scham diese Geschichte nie erzählt habe. Ich dachte lange nicht mehr an Mutters Geheimnis, bis ich dann in der Lebensmitte in die beschriebene Arbeitskrise geriet. Damals war Mutter bereits tot. Das alte Gefühl, daß ich meine eigenen Abgründe besser verstehen könnte, wenn ich ihre *ganze* Geschichte kennen würde, kam wieder hoch.

In dieser Zeit rief ich Roses noch lebende jüngere Schwester Maria an und fragte, ob ich an einem Sonntag zu ihr auf den Bauernhof kommen dürfe, um ein bißchen mehr über die Familiengeschichte zu hören. Sie lachte: „Komm, aber erwarte nicht von einer alten Frau, daß sie sich erinnert." Und wie sie sich erinnerte! Meine Tochter und ihr Freund kamen mit und nahmen unser Gespräch am Kaffeetisch auf Video auf. Maria konnte es nicht fassen, daß mir dieses Dokument wichtig sei, war aber einverstanden mit der Aufzeichnung, „wenn es dir etwas nützt". Ich habe Maria nicht abgefragt, sondern ihr meine Version der Geschichten erzählt. Sie hörte aufmerksam zu, korrigierte ab und zu und erzählte dann von sich aus Dinge, die ich noch nie gehört hatte. Zum Beispiel, wie sie und ihre ältere Schwester – meine Mutter – jeweils heimlich bei den Bauern Schnaps und sauren Most für ihre Mutter holen mußten. Wie Vater die Kinder abpaßte, sie verprügelte und den Alkohol ausleerte und wie er schließlich seine Frau in eine Trinkerheilstätte brachte, von wo sie nie mehr in die Familie zurückkehrte. Er ließ sich scheiden von ihr und gebot den Kindern, im Dorf zu sagen, ihre Mutter sei gestorben. Mit der Zeit glaubten die Kinder diese Lüge beinahe selber – alle außer Maria, die fortan ihre Mutter, welche nüchtern blieb und wieder heiratete, heimlich in der nahen Stadt besuchte. Viele Jahre später war Maria das einzige der fünf Kinder, das an Mutters Begräbnis teilnahm. Maria erzählte, daß Rose, meine Mutter, im Loyalitätskonflikt zwischen Vater und (abgeschobener) Mutter derart gefangen war, daß sie die frühere Nähe zu ihrem Vater aufgab. Wenn Roses Mann, mein Vater, ihr bei Ehekonflikten ihre „schlechte Familie" vorhielt, so war das Salz in ihre Wunden.

Jetzt endlich verstand ich die Last des Familiengeheimnisses, das meine Mutter getragen hatte, sowie mein eigenes Gefühl, nicht „ganz" zu sein, solange ich ihre Geschichte nicht geklärt hatte. Mutters und auch mein „Überfunktionieren" – aus Angst, meinen hohen Anforderungen nicht zu genügen – machte plötzlich Sinn. Endlich konnte ich im eigenen Leben dieses unheimliche Vermächtnis aus der mütterlichen Geschichte – schließlich bin ich die dritte „Rose" in der Generationenfolge und auch eine Älteste – ohne Schuldgefühle zurückweisen.

Die neu gewonnene Freiheit ermutigte mich, einer anderen Geschichte von abgeschnittenen Wurzeln nachzugehen: jener zu Jakobs einzigem Sohn – Jakob III. Während Jahren habe ich immer wieder versucht, über Briefe Kontakt zu ihm aufzunehmen, doch die Zeit war dafür offenbar nicht reif. Kurz bevor ich dieses Kapitel schrieb, haben seine Frau und er meinen Mann und mich zu sich eingeladen. Jakob und ich haben uns zum ersten Mal seit dem Begräbnis seines Vaters, als er noch ein Kind war, wiedergesehen. Sein Vater, Jakob II., der einzige Bruder meiner Mutter, ist zerbrochen an den unerfüllbaren Aufträgen, die ihm als Stammhalter auferlegt wurden. Seine junge Frau hatte diesem Elend wenig entgegenzusetzen, auch sie verlor den Tritt im Leben. Ihr Sohn, Jakob III., mein Cousin, ist in einer fremden Familie aufgewachsen. Er hat sich früh selbständig gemacht, studiert und bald eine Führungsposition übernommen – ein Beispiel von menschlicher Biegsamkeit, von Resilienz. Mein Cousin, so erzählte er mir, habe sich nach dem Tod des Vaters mit seiner Distanzierung von der Familie gegen den Eindruck gewehrt, „die Tanten" wollten ihn unter die Fittiche nehmen und ihn auf den rechten Weg bringen. Ich hingegen erinnere, daß diese mit ihrer Einmischung Vergangenes gutzumachen suchten. Mein Cousin Jakob und ich haben einander bei unserer ersten Begegnung unsere unterschiedlichen Geschichten zu denselben Ereignissen erzählt. Wir haben die

Mosaiksteine zusammengefügt und – vielleicht zum ersten Mal im Leben – die schambesetzte, hilflose Verzweiflung unter den Geschwistern, zu denen sein Vater und meine Mutter gehörten sowie die Gräben, die diese Gefühle aufgerissen haben, verstanden.

Auf dem Weg zum Haus des „verlorenen" Cousins hatte ich mich bange gefragt, ob es zwischen uns etwas gutzumachen gebe, was die letzte Generation versäumt hat. Aber dann sind wir uns, zusammen mit unseren langjährigen Ehepartnern, als zwei Erwachsene mit einem eigenen reichen Leben begegnet. Wir haben einander erzählt, stundenlang, während seine Frau und mein Mann zuhörten, nachfragten und manchmal nickten: Aha, jetzt verstehe ich ... Über die Aufklärung unserer Herkunft hinaus haben Jakob III. und ich gemeinsame Interessen und Vorlieben entdeckt. Ich glaube, wir könnten Freunde werden. Es gibt nichts gutzumachen für die letzte Generation, und wir brauchen auch keine „Lösungen". Die Lösungen liegen in den erzählten Geschichten. Wir haben einander ins Gesicht geschaut, erzählt, zugehört und dabei vieles, wenn auch nicht alles, verstanden. Bis diese Begegnung zustande kam, waren zwar Jahre vergangen. Aber ich bin glücklich, daß ich mich inzwischen auf einen Vertreter der *wirklichen* Familie und er sich auf mich einlassen konnte, und daß wir damit als Teile derselben Herkunft unsere verzerrten Bilder verändert haben. Ich glaube nicht, daß Ähnliches mit fremden Rollenspielern in einer künstlichen Gruppe zur „Familienaufstellung" hätte geschehen können, wie das zur Zeit en vogue ist, da diese bloß *meine* Version der Geschichte gekannt hätten. Was Jakob und ich bisher nicht verstanden hatten, haben wir einander dort erzählt, wo es hingehört und wo auch die abwesenden Familienangehörigen ihren Platz finden werden. Anstelle von normativen Lösungen – *sag deiner Mutter, daß du ihr Leid ehrst* – haben wir die Melodien hören können, zu denen die Menschen in unserer Herkunft ihren Tanz getanzt haben, und sie verstanden. „Memory is how we become part of each other." Über das Erinnern werden wir einander zugehörig (Ventura, 1996).

Wie Menschen zu ihren Geschichten kommen

Ein wesentlicher Aspekt der Ausbildung zur systemischen Therapeutin oder zum Therapeuten ist an unserem Ausbildungsinstitut in Meilen-Zürich die Auseinandersetzung mit der eigenen Biographie und den darin enthaltenen Lebensthemen. Die Biographiearbeit dient einerseits dem Erkennen persönlicher Selbst- und Familienbilder und den abgeschlossenen und vor allem den unabgeschlossenen Geschichten, die darin schlummern. Anderseits kann sie die Scheuklappen erkennen und erweitern lassen, welche aus unseren persönlichen Erfahrungen sprießen. Darin liegt eine gute Möglichkeit, die Zugänge zu den vielfältigen Welten von Klientinnen und Klienten zu erweitern. Wenn im eigenen Leben deutlich wird, daß „alles auch anders sein könnte", ist das eine Einladung, auch die Sicht- und Handlungsweisen anderer Menschen auf solche Möglichkeiten hin anzugehen.

Eine Biographiewoche in reizvoller, abgelegener Umgebung in den Bergen wird von Anfang der Ausbildung an mit Hilfe eines Leitfadens zur eigenen Geschichte und der Familiengeschichte vorbereitet. Die Ausbildungsteilnehmer führen dazu ein privates Tagebuch, das sie – mitsamt dem Genogramm ihrer Herkunftsfamilie sowie Fotos oder bedeutsamen Briefen – in die Biographiewoche mitbringen. In dieser Woche erzählen die sechs Mitglieder jeder Supervisionsgruppe, drei Frauen und drei Männer, begleitet von der Supervisorin oder dem Supervisor, einander ihre Erfahrungen beim Zusammentragen ihrer Geschichten. Durch Fragen, anteilnehmende Neugier, aber ohne vorschnelle Deutungen kommen sie auf die „Themen" in ihren Geschichten, die ihr Denken und Fühlen bis heute organisieren – ganz besonders in kritischen Lagen, wenn sie z. B. mit Klientenfamilien zusammen sitzen. Dabei geht es nicht um intellektuelles Analysieren oder „Durcharbeiten", sondern um die Erweiterung der eigenen Reaktionsmöglichkeiten, also um mehr Komplexität anstelle von unreflektiertem Gewohnheitshandeln. Im Gegensatz zu einer Psychoanalyse ist dieser Prozeß nicht unbegrenzt offen, sondern auf die Überwindung erlernter Einengungen im Denken und im konkreten (professionellen) Handeln gerichtet. In einem weiteren Schritt werden darum in der Kurswoche die Lebensgeschichten der Kursteilnehmer im Rahmen ihres therapeutischen Denkens und Handelns beleuchtet. Ein in der Supervision bearbeiteter „Fall" wird dazu gemeinsam, ohne den üblichen Handlungsdruck der Praxis, unter der Perspektive seiner persönlichen Bedeutungsstrukturen betrachtet. Der Fall wird gleichsam auf die Folie der Lebensgeschichte der entsprechenden Therapeutin oder des Therapeuten gelegt: eine immer wieder augenöffnende Erfahrung! Dazu zwei Geschichten:

1. Peter, ein junger Schulpsychologe, den ich – als seine Supervisorin – für seine Einfühlsamkeit und gleichzeitige Tatkraft bewundere, bringt im ersten Ausbildungsjahr eine Familie mit zwei Jungen in ein Gespräch hinter der Einwegscheibe. Die Eltern, beide anwesend, sind geschieden. Es geht um ihren älteren Sohn, der durch Schulschwänzen und aggressives Verhalten auffällt. Bei der Beobachtung des Gesprächs reagiert die Supervisionsgruppe hinter der Einwegscheibe empört auf ihren Kollegen Peter. Dieser legt sich immer wieder mit dem geschiedenen Vater an, korrigiert dessen Einschätzung der Situation und wirft ihm indirekt vor, seine Arroganz sei ein schlechtes Vorbild für den Sohn. Vergeblich bemühe ich mich in der Pause, Peter dabei zu unterstützen, seine gute Einfühlungsmöglichkeit auch gegenüber diesem Klienten zu nützen – ich habe den Eindruck, gegen eine Mauer zu laufen.

In der Biographiewoche, als Peter dann seine persönliche Geschichte erzählt, fällt es uns wie Schuppen von den Augen. Er erzählt die Geschichte einer schwierigen Vater-Sohn-Beziehung, die geprägt ist von Peters lebenslangen Anstrengungen, seinen „arroganten" Direktor-Vater zu erreichen. Er habe sogar promoviert, um dem Vater zu beweisen, daß es auch andere Wissenschaften als Ökonomie gebe – worauf der Vater ihm zur *Dissertation im Orchideenfach* gratuliert habe.

Natürlich geht es hier nicht darum, Peters Erfahrung als Wahrheit einzufrieren – im Gegenteil! Die Gespräche mit seinem Vater, die Peter anschließend führte, haben seine Erinnerungen an die mißglückte Beziehung nicht gelöscht, aber mit neuen Perspektiven versehen. Wut und Enttäuschung in den erinnerten Geschichten seien durch Vaters Bereitschaft zum Erzählen an den Rand gerückt, sagt Peter später, und störten seinen Umgang mit distanzierten Vätern in Therapie nicht mehr.

2. Karin, eine erfahrene Ärztin, macht eine systemische Weiterbildung. Sie hat sich quasi „spezialisiert" auf eßgestörte junge Frauen. In einer Supervisionssitzung zeigt sie uns das Videoband eines Gesprächs mit einer 18jährigen Frau, die an einer Bulimie (Eß-Brechsucht) leidet. Die ganze Gruppe ist fasziniert von der Übereinstimmung in Körperhaltung und affektivem Ausdruck der beiden Frauen: Sowohl die Therapeutin als auch ihre Patientin sitzen wie angeschraubt auf ihren Stühlen, ihre Gesichter sind einander zugewendet, beide Körper, mit übergeschlagenen Beinen, weisen jedoch voneinander weg. Die Atmosphäre, welche die beiden bei den Beobachtenden erzeugen, ist eine von äußerster Anstrengung. Alle Interventionen der Therapeutin sind treffend, ihre Sprache präzis und auf Lösungen weisend. Aber als „Instrument des Wandels", wie ich die Person von Therapeutin oder Therapeut verstehe, kann Karin hier nicht dienen. Dazu ist sie viel zu sehr in eigenen Ideen und in Sprache verhaftet und in ihrer Affektivität und Körperhaltung der Patientin zu ähnlich.

In der bald auf diese Sitzung folgenden Biographiewoche bricht der harte Boden, auf dem Karin zu stehen scheint, wie durch Zauber auf. Beim Erzählen der Geschichten ihres Ursprungs wird ihr und uns deutlich, daß sie – wie ihre Patientin – in ihrer Familie „spezialisiert" wurde auf Leistung und Perfektion, auf „Augen zu und durch", selbst in Situationen größter emotionaler Bedürftigkeit. Wir lernen in ihr eine warme, sensible Frau von hoher Intelligenz kennen, die eigentlich alles hat, was eine gute Therapeutin braucht, außer dem Mut, sich affektiv und spielerisch in Begegnungen einzulassen – was sie bei ihren angestrengt-intellektuellen Eltern nicht lernen konnte. Zu Karins Überraschung waren aber ihre Eltern bereit, schon im Vorfeld der Biographiewoche auf ihre Fragen einzugehen und ihr noch nie gehörte Geschichten zu erzählen, die zum Verstehen und Aufbrechen des harten Bodens beigetragen haben und noch beitragen werden.

Daß das Erzählen und Anschließen an die persönlichen Lebensthemen der Kursteilnehmerinnen und Kursteilnehmer auch schmerzlich-aufwühlend sein kann, erlebe ich jedesmal in der Biographiewoche an meinen eigenen Reaktionen. Oft liege ich nachts wach, lasse den Film der erzählten Geschichten an mir vorbeiziehen und vergegenwärtige mir die Bruchstücke an Zorn, Schmerz, Hoffnung und Mut, welche über Generationen weitergereicht wurden. Ich bin jeweils glücklich, daß wir in der Supervisionsgruppe Gefäße für dieses Wissen gefunden haben, und gleichzeitig in Sorge, ob das Erzählen den einzelnen eine Richtung angegeben hat und ob aus ihren Geschichten mit Unterstützung jener, die zugehört haben, auch Zukunft sprießen werde. Als zum Beispiel ein Kursteilnehmer in der Biographiewoche ein zerfleddertes braunes Tagebuch auf den Boden legte und uns unter Tränen erzählte, darin habe sein verstorbener Vater die Geschichte seiner Begeisterung für den Nationalsozialismus, den Militärdienst an der Ostfront, die Zeit im Lazarett und die Jahre in russischer Gefangenschaft aufgeschrieben – „und am Schluß blieben nur Resignation und Verbitterung" –, wurde mir einmal mehr deutlich, wie sehr die privaten Geschichten in der jeweiligen Zeitgeschichte aufgehoben und von ihr geprägt sind und daß der Prozeß des Umgangs damit oft Jahre beansprucht.

Die richtige Zeit für das Fragen und das Erzählen

An einem kürzlichen Kurs zum Thema „Umgang mit den persönlichen Ressourcen von Therapeutinnen und Therapeuten" nahm ein Sozialpädagoge aus Süddeutschland teil, den ich Max nenne. Er hat mir die Erlaubnis gegeben, seine Erfahrungen auf der Suche nach der verlorenen Geschichte seiner Mutter hier wiederzugeben. Max ist 1949 geboren, sein jüngerer Bruder Robert zwei Jahre später. Die Eltern, Eberhard und Anna, heirateten erst 1949, im Geburtsjahr von Max. Eberhard, Malergeselle, sei als Vertriebener aus Pommern in ein bayrisches Dorf gezogen, weiß Max, und habe dort Anna kennengelernt. Von Annas Familie sei er, wie so viele „Rucksackdeutsche" damals, nicht gut aufgenommen worden, darum wohl auch die verzögerte Heirat.

Was Max umtreibt, ist folgende Geschichte:

„Wenn ich als Bub manchmal zu meiner Mutter sagte, es wäre schön, noch eine Schwester zu haben, hat sie sich entweder versteckt ein paar Tränen abgewischt oder mich angeschnauzt, nicht solchen Unsinn zu schwatzen. Als sie mit 48 dann starb, an Brustkrebs – dessen Symptome sie wie so vieles in ihrem kargen Leben viel zu lange ignoriert hatte –, hat Vater meinen Bruder und mich beiseitegenommen und gesagt, daß wir „übrigens einmal Zwillingsschwestern hatten", die 1946 zur Welt kamen und nur kurze Zeit lebten. Das war alles, was er dazu sagen mochte, er hat das deutlich gemacht. Ich habe darauf meinen Patenonkel, Mutters einzigen Bruder Johannes, gefragt, wo die Zwillinge denn begraben seien, aber ich bin auch da auf eine Wand des Schweigens gestoßen. Mein Vater ist inzwischen auch gestorben. Seither renne ich mir immer wieder den Kopf bei meinem Patenonkel ein, weil ich einfach wissen muß, was mit meiner Mutter war. Irgend etwas haben sie ihr angetan, drum war sie immer so verzweifelt, das hab ich doch mitbekommen! Ich habe dem Onkel geschrieben, habe ihn zu Besuch eingeladen, aber er weist mich ab ... (verzweifelt-wütend): Mit meinem älteren Bruder hat er aber Kontakt, und wie! Die reden halt nur über die Gegenwart, so

oberflächliche Dinge. Ich habe den Kontakt mit meinem Bruder inzwischen auf Sparflamme gesetzt."
In der Gruppe fragen wir Max, was denn seine schlimmsten Befürchtungen seien. „Mutter hat die Zwillinge vorehelich gehabt, das ist klar, drum wurden sie wohl auch außerhalb der Friedhofmauer verscharrt. Wahrscheinlich konnte sie nicht ins Spital zur Geburt gehen wegen der Schande. Es könnte ja sein, daß die Zwillinge von meinem Vater waren. Aber warum er nicht dazu gestanden hat? Oder gab es da noch einen anderen Mann, der Mutter hocken ließ? Ich muß es einfach wissen, weil ich sonst mit meiner Wut nicht zurechtkomme. Ich habe Mutter sehr geliebt, aber ich konnte ihr nicht helfen."

Die Gruppe unterstützt Max darin, daß er die Fragmente der Geschichte seiner Mutter mit der Zeit zu einem Ganzen zusammensetzt, das ihrem Leiden und seiner eigenen Wut einen Rahmen gibt, mit dem er leben kann. Weil aber seine Aggressivität beim Erzählen so deutlich wird, daß auch wir Zuhörende in Angst geraten um ihn, unterstützen wir Max, daß er sich neben seinem Kampfwillen erlaubt, milder mit sich und anderen – auch seinem Bruder und seinem Onkel – umzugehen. Wir empfehlen ihm, zuerst den Kontakt zu seinem Bruder wieder aufzunehmen und ihm zu erzählen, wieso Mutters Geschichte ihn so umtreibt, und seinen Onkel vorläufig mit Forderungen zu verschonen. Max nimmt unsere Ideen mit Erleichterung an. Die große Müdigkeit, die sich darauf bei uns Zuhörern ausbreitet, macht deutlich, wie unendlich viel Energie Max bisher offenbar in den Kampf steckte, seine Mutter als Opfer zu rächen, indem er mögliche Täter zu identifizieren suchte. Diese Erfahrung „am eigenen Leib" läßt uns verstehen, warum Onkel und Bruder das Weite suchen, wenn Max als Racheengel auftritt. Es wird uns aber auch deutlich, daß Max, um seine Biographie erzählbar zu machen, die fehlenden Stücke dafür dringend braucht. Vermutlich wird er sie finden, wenn in seinen Fragen keine Anklagen und Beschuldigungen mehr lauern. Ich stelle mir vor, daß sein Energiehaushalt, die Balance zwischen Kämpfen und Loslassen, dann ins Lot kommen wird.

Es gibt offenbar eine richtige Zeit und Art, Fragen zu stellen und Geschichten zu erzählen, aber sie kann nicht im voraus festgelegt, sondern nur durch Versuch und Irrtum gefunden werden. Gerade dort, wo Familiengeschichten schwer ergründbar sind, weil darin Scham und Schuld begraben liegen, ist es wichtig, zuerst seine eigenen Anliegen und Geschichten zu erzählen, statt als Detektiv Menschen aus der eigenen Herkunft zu überführen. Nicht die Suche nach „der Wahrheit", sondern das Anliegen, erzählte Geschichten zu verstehen und abzuschließen, hat eine Chance – auch wenn es dafür Jahre braucht. Während ich am Schreibtisch sitze, bekomme ich einen Brief, der das Thema *Zeit* wunderbar illustriert. Vor zehn Jahren kam die damals 16jährige S. mit ihrer Mutter in eine Familientherapie, weil ihre Lehrer befürchteten, sie könnte sich in ihrer Verzweiflung etwas antun. Wir hatten nur wenige Gespräche, zwei davon mit dem Vater von S., der in einer „intakten Ehe" lebt und seine Tochter und deren Mutter über viele Jahre nur heimlich besucht hat. Seine Frau durfte nicht wissen, daß er ein außereheliches Kind gezeugt hatte, umso weniger, als seine eigene Ehe kinderlos blieb. S. wollte damals, in ihrer Krise über die Frage nach ihrer Existenzberechtigung, die Lebenslüge ihrer Eltern endlich auf den Tisch bringen und die Frau ihres Vaters informieren – was Bewegung in die Geschichte brachte. Ich bin seit Abschluß der Gespräche vor zehn Jahren mit S. brieflich im Kontakt geblieben. Sie wurde Lehrerin, hat dann eine Fachhochschule für Gestaltung abgeschlossen und besitzt inzwischen ein eigenes Haus in einem Bergtal, das sie sich selber verdient hat. Ihre neueste Errungenschaft ist die eigene Alp, auf der sie für Bauern im Tal im Sommer Rinder hütet.

Es handelt sich um eine wundersame Geschichte von Biegsamkeit und Autonomie, aber auch von Schmerz, von

Wachheit und Sensibilität für die soziale und natürliche Welt, wie ich sie bei so jungen Menschen selten erlebe. S. nennt mich „eine meiner Statistenmütter", und obwohl wir uns seit Jahren nicht gesehen haben, freue ich mich über diese Bezeichnung. S. schreibt im heutigen Brief, daß sie wieder vermehrt mit den Folgen der damaligen Familientherapie zugange sei:

Die jetzige bewegte Zeit weicht noch einmal etliche Schichten der Vergangenheit auf, daraus lockere Erde wird, in der zu graben einfacher ist als Gesteinsbrocken umzuschichten – „lindgründige Welt" heißt das im hiesigen Dialekt. Lindgründig heißt weich, der Boden kann leicht sumpfig oder hochmoorartig sein, gut für Wollgras ...
Meine Mutter, 62, ist eben pensioniert worden. Ihr großes Bedauern ist, keine Möglichkeit mehr zu haben, im Beruf etwas besser zu machen, schreibt sie mir. An sich toll – aber mir kommt es etwas zu bekannt vor. Schon als ich ihrem Einfluß entwachsen war, bereute sie, vieles „falsch" gemacht zu haben. Sie war aber, als es für mich nötig gewesen wäre, zu absolut keiner Lösung oder Klärung der Familiensituation bereit. Das hat so etwas Tragisches von „verpaßtem Leben" an sich. Ich schrieb ihr dies, vielleicht etwas hart, und gab ihr auch den Rat, ob sie vielleicht an der Beziehung zu ihrer 88jährigen Mutter, die seit Jahrzehnten gleich schlecht und oberflächlich ist, noch etwas ändern wolle ... bevor sie auch diese „bereut". Dieser Brief an sie ist das erste, was ich seit der Familientherapie, also seit zehn Jahren, so direkt wage, und ich erwarte zittrig ihre Reaktion. Irgendwo gibt es in mir diese Urangst, ohne meine Mutter ganz allein zu sein. Dabei kann mir wahrhaftig „nichts passieren". Ich weiß, daß ich trotz meiner Einsamkeit, auch dank meiner Verbundenheit mit Statisten-Müttern, nicht mehr von meiner Mutter abhängig bin ..."

Das Thema der verpaßten Chancen mit noch lebenden Menschen sowie der späten Reue darüber, wie S. sie bei ihrer Mutter beobachtet, könnte eine Erklärung dafür sein, warum so viele Menschen die im wirklichen Leben verpaßten Chancen mit „Familienaufstellungen" (Weber,

1997), mit fremden Menschen, nachholen wollen. Es scheint einfacher zu sein, mit einer aus der eigenen Perspektive rekonstruierten Familie von Rollenspielern „Lösungen" genannt zu bekommen, als diese mit den wirklichen Familienangehörigen zusammen zu entwickeln. Vielleicht ist es aber auch ein Generationenthema? Die Gruppe der Menschen, welche die „Aufstellungsseminare" benützt, hat vielleicht weniger von der Kultur des offenen Dialogs mit Familienangehörigen mitbekommen als jüngere Menschen wie S.

Die Vergangenheit läßt sich nicht ändern, aber sie läßt sich erzählen und verstehen, und das finde ich tröstlich. Was ein Mensch sich aus seiner Vergangenheit macht und wie er sie erzählt, ob ein- oder mehrdimensional, ist dabei seine persönliche Verantwortung, und auch in dieser Wahlmöglichkeit liegt Trost. Denn: „Jede eindimensionale Geschichte ist nichts als Propaganda" (Pittman, 1996). Der Begriff *mehrdimensionale Verantwortlichkeit* im Umgang mit der eigenen Familiengeschichte ist für mich zentral. Ich vergleiche die Gespräche mit den an der Familiengeschichte tatsächlich Beteiligten mit den sog. „Familienaufstellungen" (Weber, op. cit.) vor Hunderten von fremden Menschen, vor denen einer nach dem anderen – unter mehr oder weniger professioneller Leitung – seine Familie als Figur aufstellt. Im Rahmen dieses postmodernen Ritus der Selbstinszenierung und Veröffentlichung des Privaten bietet der Leiter Lösungen an. Diese sind im Sinne des Erfinders des Aufstellungsritus – Bert Hellinger, einem ehemaligen katholischen Priester – oft geprägt von traditionell-konservativen Familienbildern (besonders Frauenbildern) und entsprechend normativen Direktiven zum richtigen Platz für Männer, Frauen und Kinder. Übrigens ein seltsamer Kontrast zum postmodernen Rahmen des Ritus!

Die vorgeschlagenen „Lösungen" werden typischerweise in der Kirchensprache formuliert. „Sich verneigen" vor einem Verstorbenen zum Beispiel gehört dazu oder die

„richtige Ordnung" zwischen Frau und Mann, ältesten und jüngeren Geschwistern herstellen. Der Ablauf des Ritus erinnert an die Beichte: Nach der tränenreichen Katharsis, an der auch das Publikum teilnimmt, folgen die Direktiven des Leiters zur Lösung bzw. Erlösung (Absolution) von den Konflikten aus der Familiengeschichte. Offenbar wird hier ein an den Rand gerutschter Ritus[2] aus der Kirchentradition psychologisiert und damit wieder attraktiv. Warum eigentlich nicht? Meine Bedenken beziehen sich darauf, daß die virtuelle Realität, welche in den sog. Aufstellungen erzeugt wird, eindimensional an der Darstellung von Familienbildern im Kopf der Anwesenden orientiert ist. Wenn ich mir vorstelle, daß meine Tochter oder mein Sohn ihren Vater und mich vor fremdem Publikum „aufstellen" würden, ohne mit uns über unsere Beziehung und unsere Konflikte geredet zu haben und ohne die Wirklichkeitskonstruktion anderer Familienmitglieder erkundet zu haben, empfinde ich das als Anmaßung.

Aber gerade in der Eindimensionalität der Aufstellungen anstelle der Mehrdimensionalität des gemeinsamen Erzählens und Suchens am Ort des Geschehens liegt offenbar die Faszination mit diesem Vorgehen. Eine einmalige Aufführung auf der Bühne der Selbstdarstellung unter der Leitung eines routinierten Regisseurs scheint wesentlich einfacher als die lebenslängliche Auseinandersetzung mit realen Familienmitgliedern.[3]

Die Katharsis vor fremdem Publikum und die Direktiven des Leiters bestätigen die eigene Sicht von der Herkunftsfamilie. Sie wirken beruhigend und lenken ab von

---

[2] Ritus = Set von überlieferten oder neu entwickelten Verhaltensregeln.
[3] Daß durch solche Aufstellungen ein kontinuierlicher Prozeß mit wirklichen Familienmitgliedern eingeleitet und vielleicht therapeutisch begleitet werden kann, ist möglich, wie ich das von erfahrenen FamilientherapeutInnen weiß. Die Regel ist es leider nicht, wie ich in meiner Praxis von ehemaligen „Aufstellern" erfahre, die bei mir Hilfe suchen.

den Mühen, welche die lebenslange Auseinandersetzung mit Familienmitgliedern und deren unterschiedlichen Bildern bedeutet.

Daß ich persönlich Mehrdimensionalität vorziehe, also den laufenden Prozeß des Geschichtenerzählens und der Auseinandersetzung mit realen Familienmitgliedern unterstütze, zeigt die Geschichte von S., der Alphirtin. Sie hat ihre schwierige Familiengeschichte weder vor Publikum aufgestellt noch „durchgearbeitet". Sie erzählt sie seit ihrer frühesten Jugend ihrer Mutter, sie suchte ihren Vater, um seine Sicht von Wirklichkeit zu erfahren, und sie schreibt Briefe an Familienmitglieder und an ihre „Statistenmütter und -väter", die sich mit ihr in einen *verbindlichen gegenseitigen Prozeß* eingelassen haben. Ich bin überzeugt, daß die Gespräche und der Briefwechsel mit dieser jungen Frau Selbstheilungs- und Rettungsgeschichten sind, weil sie daraus eine erzählbare Biographie schafft und Wege in die Zukunft findet, nicht ein- und für allemal, sondern immer wieder neue. Ihr bisheriges Leben ist geprägt von Ein-, Auf- und Ausstiegen, die ich als Entscheidungen, nicht als Brüche verstehe.

„In der flexiblen, fragmentierten Gegenwart mag es möglich sein, zusammenhängende Erzählungen über das, was war, zu schaffen, aber nicht länger möglich, kreative vorausschauende Entwürfe dessen, was sein wird" (Sennett, 1998, S. 184.). In diesem Sinn ist die 26jährige S. auf der Alp eigentlich eine „postmoderne" Frau. Sie hat, wie die Programmierer in Richard Sennetts Geschichten vom flexiblen Menschen und seinem Scheitern, eine aktive eigene Stimme gefunden. Sie läßt sich mit dem Erzählen auf ihre Bezugspersonen ein und macht aus Gesteinsbrocken der Vergangenheit lindgründige Welten. Der zitierte Autor (Sennett, op. cit. S. 185) nennt diese Erfahrung des Geschichtenerzählens in kritischen Lebenslagen „die einfache Tatsache der Gemeinschaft, die sich mit einer komplexen, aber beständigen Vorstellung der Zeit verband".

Vergangenheit läßt sich nicht „bewältigen" – Gewalt ist da fehl am Platz. Aber sie läßt sich erfragen und erzählen in einem fortlaufenden Prozeß des Suchens, des Dialogs mit den Beteiligten, und natürlich auch des Streitens (Welter et al. 1996). Daraus kann Neues, kann gemeinsame Zukunft entstehen.

Literatur

F. Pittman (1996): Unlearning the Lesson of History, in: Family Therapy Networker, November/December, Washington DC, S. 46; M. Ventura (1996): The Mission of Memory, in: Family Therapy Networker, op. cit., S. 22; R. Sennett (1998): Der flexible Mensch. Die Kultur des neuen Kapitalismus, Berlin Verlag, Berlin; G. Weber (1997): Zweierlei Glück. Die systemische Psychotherapie Bert Hellingers, Auer Verlag, Heidelberg; Welter, R. et al.: Anders alt werden. Mitreden – Mitplanen. Auer Verlag, Heidelberg 1996.

Psychotherapie

Rosmarie Welter-Enderlin
Deine Liebe ist nicht meine Liebe
Partnerprobleme und Lösungsmodelle aus systemischer Sicht
189 Seiten, Klappenbroschur
ISBN 3-451-26045-X
Wie die systemische Therapie hilft, wenn es in der Partnerschaft kriselt.

Verena Kast
Vom Sinn der Angst
Wie Ängste sich festsetzen und wie sie sich verwandeln lassen
224 Seiten, Klappenbroschur
ISBN 3-451-26151-0
Mit tiefenpsychologischem Scharfblick analysiert Verena Kast die Dynamik, die Angst zum lebensbestimmenden Element macht. Ein grundlegendes, gut zu lesendes Werk zur Thematik Angst.

Gerhard Lenz / Gisela Osterhold / Heiner Ellebracht
Erstarrte Beziehung – Heilendes Chaos
Einführung in die systemische Paartherapie und -beratung
224 Seiten, Paperback
ISBN 3-451-23756-3
Die bewährte Alternative in der Paartherapie: Die systemische Therapie ordnet und heilt – durch wohldosiertes Chaos.

André Marchand / Andrée Letarte
Keine Panik mehr
Selbsttherapie bei Panikattacken
192 Seiten, Klappenbroschur
ISBN 3-451-26292-4
Angst vor der Angst: Begreifen, was mit uns geschieht, und das Leben wieder selbst in die Hand nehmen.

HERDER

Psychotherapie

Verena Kast
Abschied von der Opferrolle
Das eigene Leben leben
192 Seiten, gebunden
ISBN 3-451-26629-6
Erstarrte Positionen auflösen. Endlich zum eigenen Leben kommen. Eine Analyse des Zusammenlebens im Alltag.

Petruska Clarkson
Transaktionsanalytische Psychotherapie
448 Seiten, Paperback
Grundlagen und Anwendung – Das Handbuch für die Praxis
ISBN 3-451-23781-4
„Es dürfte wohl neben den Hauptwerken von Eric Berne das Wichtigste, sicher das Anregendste sein, was TA-Therapeuten derzeit lesen können" (Werner Rautenberg, TA-Lehrtherapeut).

Gudrun Hennig / Georg Pelz
Transaktionsanalyse
Lehrbuch für Therapie und Beratung
352 Seiten, kartoniert
ISBN 3-451-26027-1
Transaktionsanalytische Therapie und Beratung – das erste Lehrbuch.

Leonhard Schlegel
Handwörterbuch der Transaktionsanalyse
Sämtliche Begriffe der TA praxisnah erklärt
427 Seiten, gebunden
ISBN 3-451-23124-7
Alle Stichworte und Begriffe der TA, erweitert durch Beispiele aus der Praxis und Querverweise zu anderen Therapieformen. Erstmals werden hier Theorie und Praxis der TA umfassend lexikalisch erschlossen.

HERDER